# 波動良法で自然治癒力を引き出す

松本光平
Matsumoto Kohei

たま出版

# 写真がとらえた波動良法のパワー

（くわしくは本文80ページをご覧ください）

◀①波動良法に先立っての状態
肉体環境が悪すぎるため、肉体は映らない。レントゲン写真のように、骨状のものだけが映し出されています。

②波動良法を受ける直前▶
白と黒のヒモ状と化したマイナス波動が、はっきりと映っています。

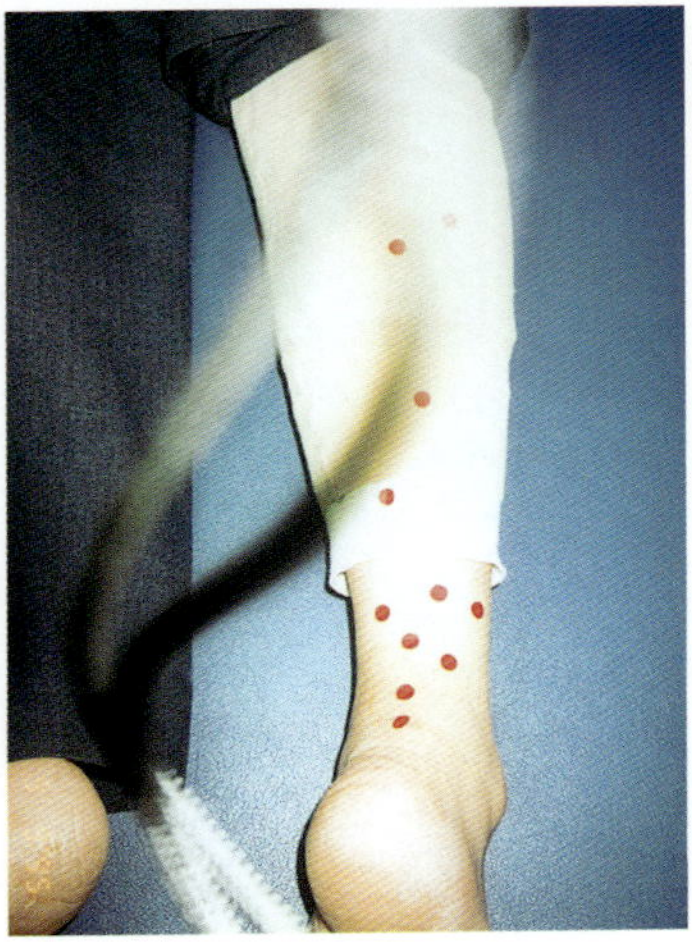

▼③波動良法を受けた直後

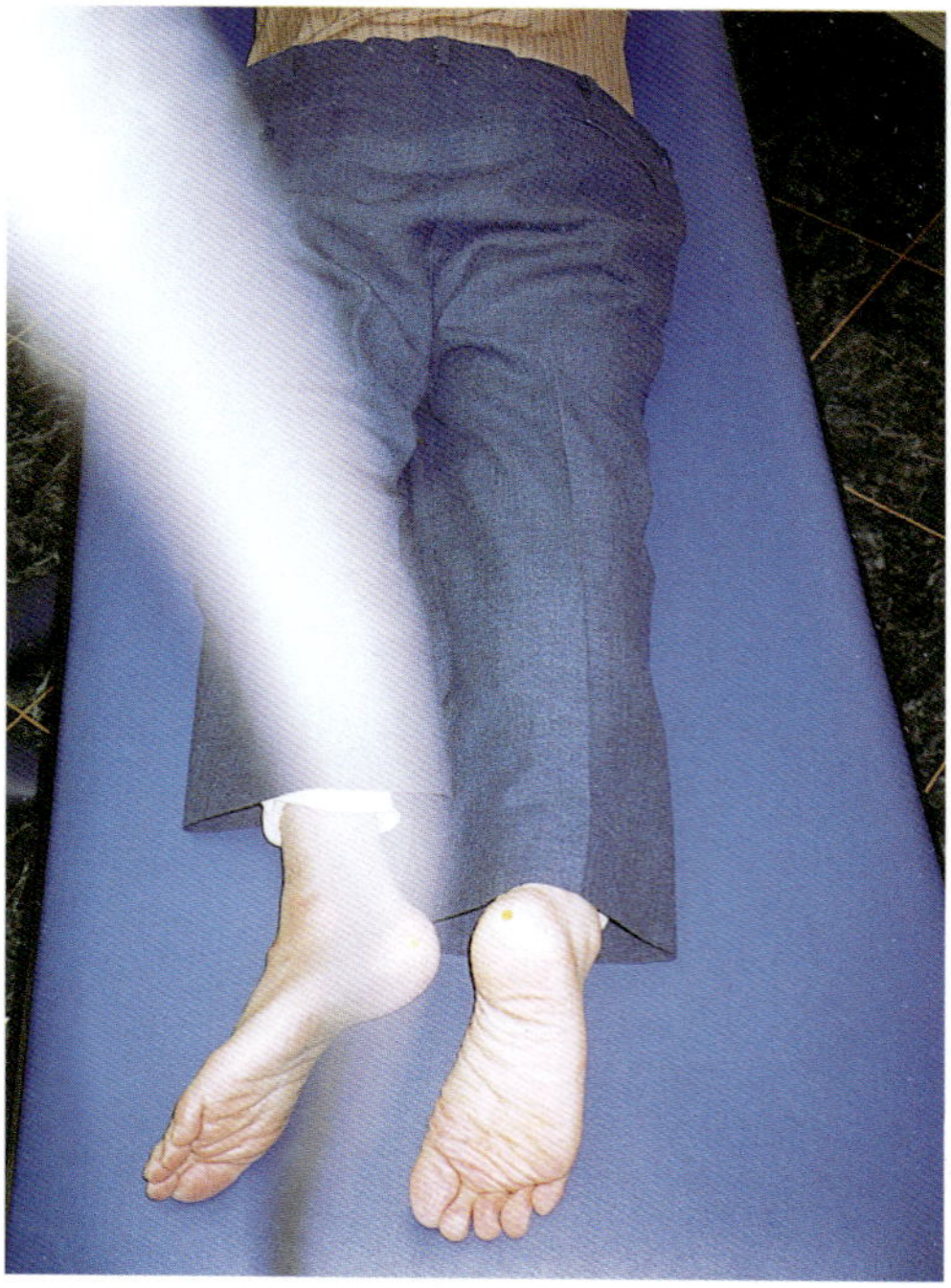

白と黒のヒモ状であったマイナス波動が、きれいな白光になりました。

▼④宇宙円光エネルギーが頭上から舞い降り、
仙骨に入る瞬間

▼⑤場の環境を変える「お浄め」

◀降ろす前

◀降ろした後

宇宙円光エネルギーを降ろしたところ。

▼⑥場の環境を変える「お浄め」

◀降ろす前

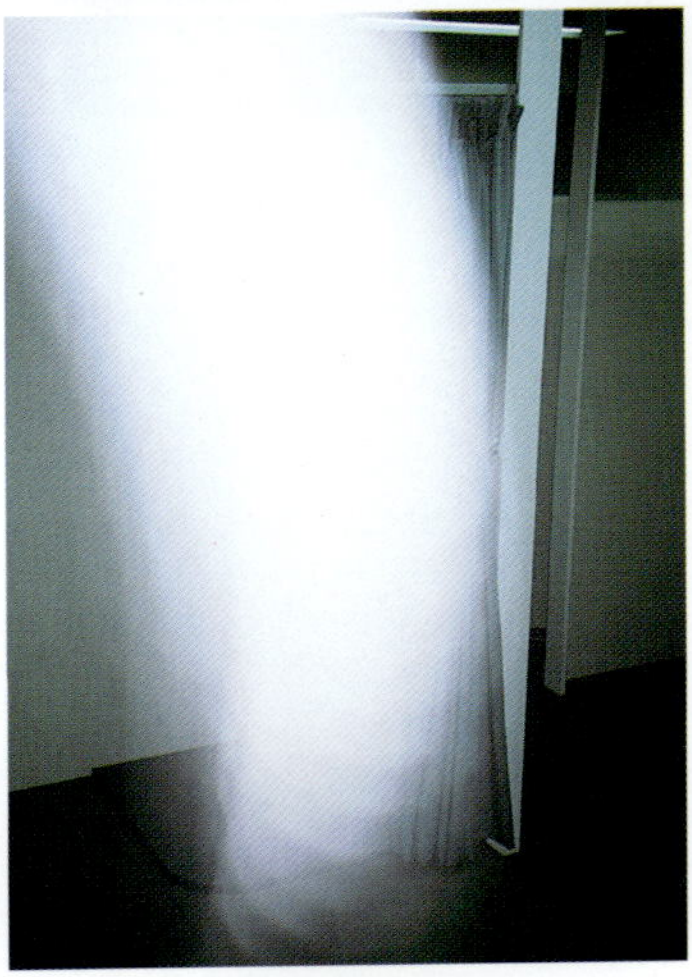

◀降ろした後

宇宙円光エネルギーを降ろしたところ。

▼⑦著者と神仏の光エネルギー

著者の左上に白い光がきらめいている。

# 松本先生の波動良法に期待する

高知県中村市立市民病院名誉院長
氏原　一

現代医学が目を見張る勢いで進んでいる今日、その陰で医療ミス事件が毎日のように新聞に掲載されている。また、原因のわからない、いわゆる難病患者が日々増え続けている。

そのようななかで、松本光平先生の波動良法は、病める患者さんに一条の光を与えてくれるに違いないと、私は深く確信している。

痛みに苦しんでいる患者さんに、副作用の心配のある薬を与えることや、治る見込みのない人に放射線などによる治療をすることが、ほんとうにその患者さんのためになるのか。延命だけが、救いの道になるのか…。

西洋医学と東洋医学、どちらがよいかなどは、患者さんにとってはどうでもよいことである。患者さんにとって大切なことはただひとつ、病気が治ることであり、痛み苦しみから救われることである。

そのためには、西洋医学と東洋医学が手を取り合い、協力し合い、補い合うことである。それは、患者さんのためになるばかりではなく、医学全体を大きく発展させることにもなるであろう。

薬が効かずに苦しんでいる患者さんの痛みが短時間で消え、副作用がないならば、こんなによいことはない。痛みが消えるということは、医学的に見て、自己治癒力が引き出されている結果だと、松本光平先生は言う。その考えには、共感できるものがある。

人間には本来、自分の身体を自分で治す能力が備わっている。ならば、その自己治癒力を最大限引き出すことこそが、真の治療法だと言えるのではないだろうか。もちろん、現代医学は高度に発達していて、多くの症状をコントロールすることに優れている。だからこそ、二者択一的に治療法を選ぶのではなく、両方の療法を上手に組み合わせることによって、最高の療法になると考えられるのである。

私は、いうまでもなく西洋医学の立場に立つ、西洋医学の専門家である。その私をも含めて、いまやすべての医師が、人間の命の尊さ、肉体を思いやる気持ちを大切にしていかなければならない時期が来たのであろう。

21世紀における代替医療の真の第一人者として、これから大いに松本光平先生のご活躍を期待してやまない。

一筋の光の道、医療とは祈りである。

# 悩める患者さんの希望であり続けてほしい

宮崎県太陽クリニック院長
日本未病未健対策協議会理事長
高橋弘憲

このたび、松本光平先生の本が出版されることになった。その内容に、多くの皆さんが驚かれることは、想像に難くない。医師が処方した薬も効かないような激痛が、こんな方法で改善するなんて、信じられない人が大半であり、かつ常識的なのかもしれない。しかし、これまで松本先生によって苦痛から救われた患者さんが山ほどいることは既成の事実であり、彼が成してきたことの正しさを物語るものである。

私は、松本先生の治療の本質を「波長療法」であると考えている。ある周波数の「波長」が、患者さんの痛みを和らげるエネルギーとして働くのではないかと想像していたのだが、実際にお会いして確信に至った。先生からは、ひとりひとりの患者さんに対する思いやり、痛みを取ることに対する情熱が激しいまでに伝わってきた。それは言葉としてではなく、まさに「波長」として空気を揺さぶり、私の五臓六腑に響いてきたのである。

さて、我々医師の世界にも、末期ガンの患者さんの痛みを和らげるのに長《た》けた者もおり、いつまでも下手な者もいる。同じ量の同じ薬物を用いれば、誰が使っても同じように効きそうなものだが、実際にはそうではないのである。それは知識や技術だけの差ではない。患者さんの苦痛を取ることに喜びを見いだす者が、その道に長けた医師となる。患者さんの痛みの訴えに呼び出されたとき、そういう医師の周囲には穏やかな空気が漂い、安心感として患者さんに伝わるのである。そして、患者さんの言葉の表面だけではなく、口調や表情からも真意を理解し、次の対処に生かそうとする。

松本先生はきっと、患者さんの波長を理解する能力がずば抜けてすごいのだと思う。だからこそ、自らのエネルギーに音などのエネルギーをミキシングし、患者さんの痛みを緩和するエネルギーをつくり出せるのだと思う。波長を合わせるためには、病室などの条件も調整しなければならないはずで、これは相当に難しいに違いなく、誰にでも容易《たやす》くできるわけではないだろう。医術というより、芸術に近い世界なのかもしれない。

松本先生には、ますます精進され、悩める患者さんの希望であり続けてほしいと願っているが、自らの波長を高いレベルに維持することは、実際には大変なことであろう。そして、天賦の才である自らの技能を一般に広めていくことは、もっと大変なことだろうと思う。だが、それは松本先生一人に負わせるべきことではない。この本を読まれた読者が、私と同様、よき理解者となり、このすばらしい治療の伝承者となることを期待してやまない。

# はじめに

波動良法とは、目に見えるものと目に見えないものの両方を施術する方法です。

現代医学とも西洋医学とも呼ばれている、いま主流の治療方法は、目に見えるもののみを治療対象としています。そのことにより、客観的で普遍的で誰が見ても妥当な、間違いのない医療を確立してきたのですが、20世紀の末あたりから、目に見えないものが人体に大きな影響を与えているということが指摘されはじめ、それにともなって東洋医学が見直されるようになりました。

私は、目に見えるものも目に見えないものも、ともに大切であるという立場を取り、施術もその両者に対してなすことから、この施術を「波動良法」と名づけました。波動良法は、私が編み出した、まったくオリジナルな施術法です。

本書には、波動良法の基礎となっていることから、実際の施術方法までを、できるだけわかりやすく簡潔に記しました。素直なお気持ちになっていただいて、繰り返しお読みいただければ、病気に対する考えかた、捉えかたが、大きく変わるはずです。

私の書いた言葉は、すべて自分の中心から発した言葉です。頭で考え、ひねり出した言葉ではありません。世のなかには、頭で考えてまとめた言葉や本が溢れています。しかし、一番大事なのは事実です。いくら立派な言葉で人を納得させたとしても、事実を示すことができず、結果を出すことができなければ意味がありません。

私は事実を重んじます。私には、波動良法を行なうことにより、何ヶ所もの痛みが消えたという事実があります。しかもそれは、偶然にそうなったわけではありません。必ず痛みを消すことができるという信念のもとに、何年にもわたって研究を重ね、修行もし、このようにやれば消えるとの結論に達し、それを実践したことによるものなのです。

さらに、痛みが消えるということも大事なのですが、私が何よりも重要視しているのは、波動良法で自然治癒力を引き出した結果、細胞が動き、変化していくということです。痛みが消えるのは、じつはその結果であり、証明なのです。

あなたは病気になったとき、どのようにして治しているのでしょうか。それについては、いろいろな本が出ていて、医者が書いた本も少なくありません。『白衣を脱いで正直に言う、医者は病気を治せない』『患者よ、ガンと戦うな』『自分しか病気は治せない』『脳内革命』など、いずれも医者が本音で書いた本です。

これらの本を読まれ、たくさんの患者さんの姿を見たとき、自ずと答えが出るものと思います。今は昔と比べて、細胞が非常に敏感になってきています。その証拠に、いろいろな病気が出てきています。もうそろそろ、気づかなくてはいけない時期に来ているのではないでしょうか。
このままでは、多くの人が痛く、苦しい目に遭うことになってしまいます。
そうならないために、いま、気づくことです。
本書がその一助になれば、これに過ぎる喜びはありません。

平成17年5月20日　札幌にて

松本光平

波動良法で自然治癒力を引き出す　目次

いかにして病気を治すか

生命の源である仙骨に強力なエネルギーを送る

なぜ、仙骨にエネルギーを降ろすのか

人間を超えた法則に従い、調和する

正常細胞のバランスを回復させ、ガン細胞を死滅させる

# 第4章　波動良法とは何か

## 波動良法とは

宇宙の法則のすべてに通じる現象に「調和」する

波動良法を実際に行なうとき

## 波動良法の手順

## 波動良法中に起きている、通常では目に見えない現象

暗黒波動、骨状波動の写真（初回時に撮影）

波動良法を受ける直前のマイナス波動の写真

波動良法は、どのように有効なのでしょうか？
波動良法における「痛み」の意味は？
波動良法で、ガンは治りますか？

# 第8章 波動良法を体験した人の声

## 体験者の声

全身ガンながらも、腫瘍マーカーは正常値に
治ることのない白血病だが、身体がとても楽になった
子ども（風邪で40度の熱）の喉と頭痛が、瞬時に消えた
3回の波動良法で、20年来の蓄膿《ちくのう》症がすっかり治った
一瞬にして、リウマチの痛みが消えた
強い薬も効かなくなったほどの頭痛が、10年ぶりに消えた
流産を繰り返していたが、ついに元気な赤ちゃんを授かった
良法中に空間が歪み、七色の光が交叉を繰り返すのが見えた

# 第1章　自然治癒力の偉大な力

## 1

私の書いた文書を読んだ人から、よく「これは宗教ですか?」と聞かれます。たしかに私は曹洞宗の寺に生まれ、永平寺別院で2年間修業した後、実家の寺の副住職もしていましたので、そのような質問をされるのでしょうが、この良法は私が考案したものであり、宗教ではなく、宗教にするつもりもなく、それらしき団体もつくっていませんと、いつもお答えしています。

私自身は、この波動良法が宗教であろうがなかろうが、そのようなことはどうでもいいと考えています。大切なのは、この良法が本物であるか偽物であるかです。

私は常日頃から、波動良法を客観的に見つめてきました。しっかりとした結果を出すことができ、それが客観的な評価に耐えられるものであるかということに、心血を注いできました。

波動良法が痛みを消すということについては、もはや疑う余地はありません。波動良法を受けた人のすべてに、結果を出すことができているからです。しかし、波動良法を受けて痛みがなくなるやいなや、次のように私に訊ねた人もいました。

「私は、催眠術にかかりやすい性格なのでしょうか？」

痛みが消えたのは催眠術によるものだと、その人は思ったのでしょう。

そこで私は、次のように答えました。

「私は、あなたに何か誘導するようなことをしましたか？　誘導するような話をしましたか？」

するとその人は即座に、

「いいえ…」

と、否定したのですが、相変わらず不思議そうな顔をしています。催眠術ではなくても、気のせいで痛みが消えるということが、その人には理解しがたかったのでしょう。

また、信じることによって、痛みが消えるというように理解したがる方もいます。そのことがわかったのは、次のような質問を受けたからです。

「痛みに苦しんでいる人がいて、波動良法を紹介したいのですが、その人は見えないものは信じないというタイプの人です。そのような人は、やっぱりダメなのでしょうね」

波動良法は、信仰治療とは違うので、目に見えないものを信じないタイプの人にも、もちろん効果があります。ですから、私は、次のようにお答えしました。

「波動良法は、信じようが信じまいが、効果があり、その効果は誰にでも実感できるものです。たとえ信じていなくても、圧痛点の痛みは消えてなくなります」

これまでの目に見えない世界を含む治療の多くは、「気の持ちよう」であったり、「信じる力」であったりしました。ですから、そのような範囲内で波動良法を理解しようとする方々の気持ちは、私にもよくわかります。

そこで、波動良法の実際を、もう少し詳しく説明しましょう。

## 2

波動良法では、私が患者さんの身体に触れることはありません。身体に触れずに良くするというもののなかには、「手かざし」があります。これは、宗教団体をも含むさまざまな団体でよく行なわれていますが、波動良法は、この「手かざし」とは、まったく違います。

波動良法は、私独自の方法で肉体・生命の〝場〟の環境をよくし、そこに5分間寝てもらうだけのことです。

そのことにより、5分後には圧痛点の痛みが消えます。

圧痛点の痛みが、何ヶ所あっても、そのすべてが消えてなくなるのです。

そのことにより、身体は軽くなります。

なぜ、そのようなことができるかというと、人間には、本来自然治癒力が備わっているからです。

最高の名医は、実は自分の内にある。

そのことを、私の良法を受けることにより、気づいてほしいと思うのです。

現在、健康ブームということが、よく言われています。新聞や雑誌は、健康に関する記事で溢れていて、健康だけを扱った雑誌もずいぶん見かけます。テレビで、脱脂粉乳でつくったヨーグルトが身体によいと放送されるやいなや、たちどころに脱脂粉乳が店頭から消え去り、すべてのメーカーで品切れになるというようなこともありました。

健康な状態で人生を過ごすことは、とてもよいことです。しかし、今がどんなに健康な人にも、死は必ず訪れます。しかも、その死に至る過程で、ほとんどの人が病気になり、痛みや苦しみを味わうというのが、偽らざる現実です。

自分自身はそうならなくても、大事な家族が痛くて苦しむ姿を見ることは、言葉にあらわすことができないくらいに、辛いものです。薬が効かないときなど、不安で、どうしたらよいか、ワラにもすがりたい気持ちになります。

そのようなときに、どのような治療を選択し、どう生きていくのか。本書は、それに応えうる本であると確信しています。

## 3

現代人は、人類がこれまで経験したことのないほどの非人間的な環境のなかで、これまで経験したことのない質の強烈なストレスを受けています。そのことにより、人間本来の生命バイオリズムである生命力、免疫力が急激に低下しています。それと同時に、自然治癒力も、これまでにないほど衰えてきています。

地球上に生きている生命のほとんどは、自然治癒力を持っています。犬や猫は、じっとうずくまって病気を治してしまいます。身体の傷は、自分で舐めて治してしまいます。草や木だって、病気については自分自身で防いでいます。

木を傷つけると樹液が出てきますが、これはバイ菌の侵入を防ぐためです。

自然治癒力の存在を明らかにしたのは、ヒポクラテスです。ヒポクラテスは、それまで渾然となっていた医学と呪術と宗教を、まったく別の基礎をもつものとして、明瞭に区別しました。

そして、病理的現象と自然環境、食物、生活との関係を注意ぶかく観察することにより、疫学（epidemiology）を打ち立てたのです。

「病を医するものは自然なり」

これは、ヒポクラテスの有名な言葉であり、自然治癒力を端的に、みごとに言い表した言葉であると言えるでしょう。

人間には、当然のことながら、本来自然治癒力というものが備わっているのですが、犬や猫と違って、言葉を発することができ、頭も働きます。そのうえ、保険もありますから、病気になると、すぐさま近所の医者や薬局に走るようになりました。それでも治らないときは、病院で精密検査をし、入院します。

入院したら、さまざまな薬をもらい、注射や点滴をします。外科手術や放射線治療などもあります。それやこれや、手を変え品を変えての治療を受けます。

さて、いったいどこで、自然治癒力を発揮すればよいのでしょうか。

どこにも発揮する場所はないのです。いっさい医師にお任せ、薬にお任せの病気治療となるわけです。

最近では、さすがにこのような状態はよくないということで、病気の状態を詳しく聞き、いくつかの治療方法のなかから、患者自身が治療方法を選択するというようなことも行なわれるようになってきました。

治療をはじめる前に、医師が患者さんに十分な説明をし、同意を求めることを、「インフォームドコンセント」といいます。これは、直訳すれば「説明のうえでの同意」ということになりますが、日本に導入されはじめたのは、80年代後半のことでした。

なんとか日本語にしようと、さまざまな訳が試みられましたが、いずれも定着するに至らず、インフォームドコンセントという言葉が、そのままカタカナで表記され使われています。80年代後半になるまで、「医師が患者さんに十分な説明をし、同意を求める」などという現実そのものがなかったので、訳語が定着しなかったのでしょう。

インフォームドコンセントが一般化してきたことは、たしかにたいへんな進歩ではありますが、これでさえ治療は、医師に握られたままであるということを見逃してはなりません。たとえどんなに丁寧にインフォームドコンセントが行なわれても、それは自然治癒力を引き出すことによる治療ではないのです。自分の病気は自分で治す、自分で治すしかないということではないのです。

## 4

現代の人間の細胞は、ずいぶん進化しています。その証拠に、たくさんの病気があります。

このように言うと驚かれるでしょうが、これは実際にそうなのです。

しかも、細胞には、ひとつひとつに心があり、呼吸をしているのです。

波動良法は、そのような細胞に対して、宇宙円光エネルギーを身体の中心にある仙骨に降ろし、人間に備わっている微弱な磁気を使い、痛みを消し去ると同時に、治癒力を最大限に呼び起こす方法です。

患者さんは、まずは身体を粗末に扱うことなく、人間は非常に繊細な生き物であるという神聖な事実を、深く噛みしめてください。そうして、自分の身体を安易に人任せにせず、自分の身体を、自分自身で理解できるように勉強してください。その方向に持っていけば、病気も早く治り、病気の数も種類も減っていくことになります。

一生つきあう身体です。現代人は、もっと真剣にならなくてはいけないのです。

お医者さんに通ったり、入院したりして病気を治した患者さんは、薬で病気が治った、注射を打って治してもらった、手術で悪いところをとって治してもらったと、よく言われます。しかし、実際には患者さん本人の治癒力で、病気を治したのです。

病気を治すことができるのは、自分だけです。お医者さんや薬は、そのお手伝いができるだけなのです。しかし、自然治癒力を発現する場を長らく取り上げられてきたせいで、病気を治すことができるのは自分だけだという、この単純な事実を、多くの人が忘れてしまっているのです。

## 5

「人間の身体はひとつの小宇宙である」とは、よく言われることですが、これはまったくそのとおりです。人間の身体は、まるで宇宙のように複雑であるとともに、人間の身体と宇宙とは一体であるからです。

だからこそ、最近の宇宙の運行の変化が重要なのです。宇宙の運行が変化することにより、人間の細胞は繊細になり、強い刺激を求めなくなっています。

薬が効きにくくなっていることは、そのことと無関係ではありません。

病気は、本人しか治せない。そのことを、ひとりひとりが深く考えなくてはならない時期に来ているのです。

そして、その人の治癒力を最大限に引き出すことが、病気を治す最良の方法なのです。

波動良法は、その手助けを主とする方法です。

人間の肉体は完全なのか不完全なのか、という問いかけが、洋の東西を問わず古来よりなされてきました。

私は、人間の身体は完全にできていると見ています。人間の身体は、計り知れないほど緻密《ちみつ》にできています。それは、関節を動かす動作を見るだけでもわかります。睡眠にしても、心臓が動き、血液は流れ、呼吸をし、体温を維持しつつ、寝ているのです。

病気になったとき、まず考えなくてはいけないことは、そのことです。自分の肉体の緻密で不思議な働きを、十分に理解しなくてはなりません。そうして、肉体がいかに素晴らしいかを、認めてあげることが大切です。

病気になったときに、痛いのは嫌だ、死にたくないと慌てるのは、当然のことです。問題は、その後であり、多くの人はとにかく医者や病院に行き、多くの場合ほとんどの人が自分の病気、自分の身体を、医師にお任せし、医師の言うとおりの治療を受けます。

現代医学は、そうとうに進歩していますから、それは悪いことではありません。町のお医者さんに通院したり、市内の病院に入院したりして、病気が治った人はたくさんいます。

その一方で、医者にかかったが治らなかったという話もたくさんあります。治った人と治らなかった人とでは、治った人のほうが圧倒的に多いといってよいでしょう。医者にかかればなんとかなるということが一般的になっているので、医者にかかったにもかかわらず治らなかったというケースが目立つわけです。

ですから、私は町のお医者さんや大きな病院を、けっして否定しているわけではありません。医者にかかっても治らないと言っているわけでもありません。病気になった、では医者にかかろうということでは、自己治癒という大切な営みが抜けてしまうと言っているのです。そうして、自己治癒というものをなおざりにしていると、自分に備わっている自然治癒力の働きがますます悪くなるということを言っているのです。

## 6

日本では、現在ガンが死亡原因のトップになっていますが、ガン細胞自体は、どんなに健康な人でも、日々体内に発生しています。しかし、健康な人は、そのガン細胞を、免疫を担っているＮＫ（ナチュラル・キラー）細胞が食べるので、ガン病巣にまではならなくてすんでいます。

ガン細胞がいくつか発生したからといって、すぐにガンになるわけではありません。ガン病巣をつくるまでには、ＮＫ細胞の攻撃を免れたガン細胞が、何度も何度も分裂を繰り返し、相当な数になることが必要で、そこまでになってやっとガン病巣が形成され、ガン患者の誕生ということになるのです。

ですから、日本でガンが死亡原因のトップに躍り出ているということは、私たちの免疫力が低下してきているということを端的に物語っていると言えます。

ガン患者が増えているということは、日々発生しているガン細胞を、自己治癒できていない人が増えているということにほかならないのです。

なぜ、そのようなことになったのか。

賢明な読者の方は、もうおわかりでしょう。ちょっとした病気になったときに、自己治癒力を高めて治そうとせず、いきなりお医者さんや病院に行くということを繰り返してきたからです。

だからといって、私はお医者さんや病院に行かずに、自分で病気を治しなさいと言っているわけではありません。早期発見、早期治療はおおいにけっこうです。しかし、自分の病気は自分が治すしかない、ということを忘れないでください。お医者さんや薬は、自分の病気を自分で治す、そのお手伝いをしてくれるにすぎないのです。

お医者さんや病院に通っているときも、あくまでも自己治癒力を高めて、自分で治すというようにすることによって、自己治癒力は保たれるのです。ガン細胞が発生してもガンにはならず、日々間断なく身体のなかに病原菌が入ってきても病気にならないですむのは、この自己治癒力が発揮されていることにほかなりません。

## 7

波動良法は、体内に眠っている自然治癒力に目覚めてもらい、最大限に力を発揮してもらう方法です。

私は、それらを証明するために、施術後、圧痛点の痛みを確認しています。そのことにより、患者さんご本人に、痛みが消えていることを体感してもらいます。痛みのあった箇所は、何十ヶ所にものぼることがありますが、ひとつひとつ確かめています。

人間の肉体は完璧につくられているがゆえに、その自然治癒力に目を向けなくてはいけないのです。完璧につくられているにもかかわらず、それを不完全のものと扱うことで、外へ外へと目が行き、迷いの道へと突き進んでいる。それが、現代人の多くの姿ではないでしょうか。

肉体は完全である。
それなるがゆえに、一番の名医は自分の内にある治癒力である。

この真理を基礎として、私は波動良法を考案したのです。

# 第2章　永平寺での修行を経て医療の道へ

## 1

波動良法は、私以外にはだれも行なっていない方法なので、即座にご理解いただくことはできないだろうと思っています。

鍼や灸というと、どんなことをするのか、だいたい想像はつくでしょう。按摩やマッサージにしても、同様です。内科や小児科、耳鼻科や眼科、歯科医の治療も、さっぱり見当がつかないという人は、まずいません。たとえ手術を受けたことがない人でも、外科医がどのようなことを行なうかは、だいたい知っています。しかし、波動良法となると、さっぱり見当がつかないというのが、読者のみなさんの偽らざる印象であると思います。

そこで、本章では、僧侶である私が、なぜ波動良法をはじめたのかについて、自伝的に記したいと思います。そうして、私という人間を知っていただくことにより、波動良法への理解を深めていただければ幸いです。

## 2

私の入った北海道の高校は、野球の名門校であり、高校時代は野球ばかりしていました。その高校の野球部は、とくにパワーを売り物にしていたため、1年生のころから、毎日100キロのベンチプレスをやるなど、かなり激しい筋力トレーニングをさせられました。

成長期に激しい筋力トレーニングをやると、身体はおかしくなるものですが、私も例外ではなく、身体を痛め、整体、カイロ、鍼など、さまざまな治療院を転々としました。

そうして、高校の終わり頃になると、野球をやめてボクシングをはじめました。ボクシングをやりはじめてすぐに気がついたのは、筋肉のバランスの悪さです。野球部でのハードな筋トレのせいで、ボクシングをやるうえでは必要のない筋力を、そうとうにつけてしまっていたのです。

映画俳優のシルベスター・スタローンが、ロッキーというボクサーが主人公の映画をつくるとき、ボクサーにしては胸の筋肉がつきすぎていて変だと、一生懸命胸の筋肉を落としたそうです。筋肉というのは、たしかにそういうものなのです。ただ強くすればいい、いっぱいつければいいということではないのです。

筋肉のバランスが悪いまま運動を続けると、どうなるか。私は、自分でそれを実証することになりました。左肩を脱臼してしまったのです。

はじめて脱臼したときは、とっさには何が起きたのかわからなくて、心臓が苦しくなり、このまま死ぬのかと思ったほどでした。

結局、３年間で14回も脱臼を繰り返し、その間、よいといわれる治療院をずいぶん巡り歩きました。

どの治療院も最初は、

「治りますよ！　必ず、またボクシングができるようになりますから」

と、言ってくれるのですが、いっこうによくなりません。

それでも、最初のうちは、今度こそ治ると、治療院を変わるたびに期待をしたのですが、それが何度も何度も裏切られたため、ついにはいっさい信用できなくなり、自暴自棄に陥りました。

## 3

ボクシングでは、ずいぶん期待をされ、成績もあげていたのですが、何度も脱臼を繰り返すので、私はついにボクシング人生を諦め、東京の病院で左肩脱臼治療の手術を受けることにしました。

その東京の病院でも、

「治るよ！　手術をすれば、必ずまたボクシングができるようになるよ」

と言われましたが、もうそのときには、私は期待する力を失っていました。

でも、どこかに、もしかしたらという期待感もあったのでしょう。私は言われるままに手術を受けることにしたのです。

手術は全身麻酔で行なわれ、目が覚めるやいなや、激痛に襲われました。文字通り、脂汗を流して苦痛と闘ったのでした。痛み止めの注射を打ち、薬も服用したのですが、効くのはそのときだけで、やがてすぐに効かなくなるので、ほかの薬に変えるということを繰り返しました。その痛みは、もうほんとうに辛くて、いっそのこと死んでしまいたいとまで思ったほどです。

そんなさなかに、幽体離脱が起きたのです。意識が朦朧《もうろう》とするなかで、自分の魂と肉体とが離れ、気がつくと私は外から自分の身体を見つめていました。

幽体離脱は、医学的には「自分の霊魂が肉体を離れてしまったような体験」と規定され、ＯＢＥと呼ばれています。

幽体離脱をしたとき、私は自分の過去の姿もはっきりと見ました。まるで映画を見るように、過去の自分の映像を見たのです。

そのことにより、自分がこれまで、いかに身体に無理をさせてきたかをはっきりと知ることができ、心から反省をしました。自分の身体は自分のものであって、自分のものではない。宇宙円光エネルギーを入れる器であり、大いなるものからの借りものだということを、誰に教わることもなく実感したのです。

尊くて大切な身体に対して、自分はこれまで無茶をさせ、無理をさせ続けてきた。その結果、とうとう身体全体で60針も縫うようなことになって、傷だらけにしてしまった。ほんとうに申し訳ない。そう心の底から思ったとき、涙が溢れ、止まらなくなりました。そして、これからは、借りものであるこの肉体を、かけがえのない宝のように大事にしていこうと決心したのです。

そのときから、私は自分の肉体の声を聞けるようになったのです。

# 4

入院中は寝たきりで、持病の腰痛、肩こりがひどくなり、ずいぶん苦しい思いをしました。そのことを医師に言うと、嫌な顔をされ、薬は出してくれましたが、ほとんど効果はなく、身体がどんどん硬くなっていきました。

そのとき、痛みを消したり、体調に合わせていろいろな治療をしてくれたりする人が傍《そば》にいてくれたら、どれほど心強く、幸せであろうかと思ったものです。


手術後のリハビリも終わり、ある程度よくなると、医師から、

「これからは、あまり過激な運動はしないように」

と言われました。

「またボクシングをしたいのですが、無理でしょうか？」

そう私が訊ねると、医師はぽつりと、

「難しいね…」

と言ったのでした。

その言葉は、私の夢を無残にも打ち砕くものでしたが、それまでにいろいろと辛い思いをしてきたせいか、それほど大きなショックはありませんでした。まあ、そんなところだろうと、意外に冷めていました。


このとき、私は、まだぼんやりとではありましたが、人を癒したり治したりする道に進もうと思ったのです。手術とその後の治療は、痛くて辛く苦しいも

のでしたが、そのような経験をすることにより、大きな病気をした人、怪我をした人の気持ちというものを、文字どおり痛いほど理解できるようになりました。

後年、高知県の土佐清水市にあるT病院で医師と協力して患者さんの痛みをとる施術家となった私は、よく患者さんから、「大袈裟なことを言わず、一緒になってがんばりましょうというところが、とてもいいですね」と言われるようになるのですが、そのような施術姿勢は、このときの体験からきていると思います。

また、脱臼という症状そのものが、私に、自分が目に見えないものに動かされているということを教えてくれました。なぜなら、私が間違った方向に行こうとすると、必ず脱臼したからです。

それは、大いなる力と言ってもよいでしょうし、宇宙の意志と言っても、神仏と言ってもよいでしょう。この世には人間を超えた何か大きな力、偉大な力があり、私たちは、その力によって動かされているのです。でも、そのことをはっきりと知る人は少なく、その力の意志を読み解ける人も少ないのが現実です。

私は、野球やボクシングによって肉体を酷使し、極限まで鍛え上げ、その後、真っ逆さまに落ちました。肩の脱臼から手術、病院での寝たきりの生活というように、山頂から谷底へというくらい、極端から極端へと行ったのです。

そのことにより、おそらく何かが目覚めたのでしょう。そのとき、私は20歳になっていました。

大いなる力は、私に、いったい何をさせたいのでしょうか。

20歳になった私は、いつも心の中でそう問いかけていました。

## 5

ボクシングを断念した私は、大学をやめて、仕事につきました。それも、職を転々としました。そうするうちにある職場で骨折をし、実家のお寺に戻ることになったのです。

ケガによって、また方向が変わった。そう私は思いました。実家に戻った私は、お寺を継いでほしいと言われ、僧侶の資格を取るために、2年間、永平寺別院に修行しに行くことになりました。曹洞宗の場合、僧侶になるには、必ず永平寺で修行をしなければならないのです。

まだ若く、遊びたい盛りであるのに、永平寺の、それもとくに厳しい別院での2年間の修行は、とても辛いものでした。好きなものを食べることもできず、横になることもできず、もちろんテレビも見ることができません。ようやく夜になって床についても、寝るのも修行だと、寝かたまで指導されます。

何もかもを徹底的に縛りつけるような生活で、生きているのが嫌になるほどでした。お経も暗記できなければ殴られ、失敗すればまた殴られました。ここはいったい何なのだと疑問に思いましたが、2年間我慢すればいい、とにかく我慢だと自分に言い聞かせました。

それでも、一度だけ、先輩のあまりにも理不尽な言動が我慢できず、立ち向かったことがあります。そのとき、相手は10人ほどで、私は1人でした。普通なら勝負にはならないところですが、私はボクシングでかなりのところまで鍛えていましたから、まったく勝ち目はないという状況ではありませんでした。

しかし、このときも肩を脱臼することにより、ことなきをえました。あのとき、肩を脱臼せずに、10人もの先輩をやっつけていたならば、永平寺を追い出されていたに違いありません。もっとも、先輩10人を相手に1人でまともに歯向かったこと自体、永平寺はじまって以来だと言われましたが…。

その後は、心を入れ替えて、目の前のことを一生懸命やるようにし、自分なりにがんばりました。そのせいか、永平寺別院のなかでも1番上に位置する老師に目をかけられ、その方の付き人をすることになりました。その方は軍人出身で、とても厳しく口やかましかったのですが、人情深く、男気があり、毅然とした人でした。

その方は、いまは故人となられましたが、当時の永平寺別院のトップで、曹洞宗全体でも2番目に位が高く、非常に影響力を持ち、大きな活躍をしておられました。

その方の傍で修行をしているうちに、自分の唱えるお経が、本当に効果があり、亡くなった方のためになっているのだろうかと疑問を持つようになりました。仏教の本当のことを知りたくなったのです。

## 6

仏教の本当のことを知りたくて、いろいろな人に聞いて回ったのですが、納得できる回答を得ることはできませんでした。私は、確信を得られないまま、永平寺の修行を続けざるをえませんでした。

永平寺には、多くの方々が参拝に訪れ、私たち修行僧も、参拝された方々と接する機会があります。参拝された方々のなかには、肉体的苦痛を訴える人が多かったのですが、当時の私には何もできませんでした。言葉だけのお説教をする自分を、とても惨めに思いました。

私も大きな手術をしていたので、病気で苦しんでおられる人の痛みも気持ちもよくわかります。そればかりか、その人たちの痛み、苦しみが、自分のことのように感じられます。

お経を読んでいるだけでは、人は救えない。

生きている人を救えないのに、亡くなった人を救えるのか。

そんなことも考えるようになったころ、ついに永平寺での2年間の修行を終える日がやってきました。

永平寺での修行を終えると、実家のお寺を継ぐことになっていたのですが、私は東洋医学の学校へと進みました。お説教や読経をするだけではなく、現実に人を救いたいと父に話すと、父は、それでよいと言ってくれました。

結局、私は東洋医学の学校を3つ卒業したのですが、自分の理想とする治療ができるまでには至りませんでした。どうせやるならガンを治したい、苦しい痛みを消せるようになりたい、そう私は願っていたのですが、そこまでのものを手に入れることはできなかったのです。

私自身、肩の脱臼で苦しみましたが、家族のなかに夜中に腹痛で苦しむ者がいて、その腹痛をなんとか治したいということもありました。それは、小さなころからの思いでもありました。東洋医学を学んでいるときに、そのことを思い出し、その思いがどんどん膨らんでいったりもしたのですが、理想とする治療ができる見通しは立ちませんでした。

こうして、私は治療の道に進むことを諦め、再び実家のお寺を継ぐ決心をし、副住職に就任しました。

## 7

副住職の主な仕事は檀家まわりでした。檀家さんには、どこかしら身体の悪い人が多く、なんとかしてあげたいという気持ちが強くなっていきました。しかし、今まで勉強してきた技術では、人を楽にすることはできても、その場限りでしかないのです。限界を感じていました。

そうこうするうちに、両親の具合も悪くなり、私は、もう待ったなしで「これで必ず救える！」という方法を、なんとしてでも身につけなければならなくなったのです。

その方法を開発することができれば、病気で苦しんでいる両親や檀家さんを助けてあげられる。しかし、そんな方法があるのか。そのために自分ができることは何なのか。そう考えるようになりました。

神仏からもたらされた人間の自然治癒力を引き出すしか方法はない、と思ったのは、このときでした。

自然治癒力を引き出せば、ほとんどの病気は治る！　そして治れば、第三の定命で、人間らしい（苦しみのない）死を迎えられる。そう結論を出し、私は独自の勉強と修行を開始しました。

教えてくれる人はいなくても、必ずできる、神仏は必ず見てくれているということを信じ、勉強に励んだのです。

そんなある日のこと、朝の3時頃に、何かに包まれたような感じがして、急に目が覚めました。

目をひらくと、ジーッという大きな音を立てながら、磁気を強く持った円光の波動が、右回りに円を描いて回っていました。これはなんだろう、これからどうなるのだろう、そう思いながら、私は自然の成り行きに身を任せました。

するると、その円光波動がゆっくりと降りてきて、顔の中に入ってきたのです。

その直後、肩先の右と左に円が2つできて、同じように音を立てながら円を描き、腹部、ひざ、足首へと舞い降りてきました。

足首にまで来ると、円光波動は消え、右足首が軽くしびれるのを感じました。

それに似た不思議なことは、その後もたびたび起きました。おそらくそれは、大いなる力が私に何かを教えているのだと思いました。

このようにして、数々の霊体験をヒントに、私の波動良法が完成したのです。

## 8

波動良法を完成させた私は、しばらくのあいだは副住職をしながら、治療院を開いて波動良法を行ないました。しかし、そのうちに、医師と一緒になってガンや難病の治療を行なうことが、波動良法にとっても医学にとってもよいことであり、それが治療というものの理想の姿だと考えるようになりました。

そこで、お寺の副住職を辞し、治療院も閉鎖して、ガンや難病の患者さんがよく行くことで知られている高知県土佐清水市のT病院に勤めることになりました。

T病院には、評判どおり全国からたくさんの患者さんが治療を受けに来ていて、私はガン患者さんを中心に治療にあたらせていただきました。

その後、大学病院主催の医学会に2度招かれ、東京で波動良法について講演するという機会にも恵まれました。

現在は、T病院を辞め、地元の札幌を中心に波動良法を行なっています。東京にも2週間に1回は行って、目黒区の青葉台で波動良法を行なっています。

2005年の春で、この道に入って、ちょうど15年になります。15年かかりましたが、私はようやく自分の理想とする良法を確立し、確信をもって実践するに至ったのです。

以上が、野球とボクシングをやり、永平寺での修行、僧侶を経て、人を救う道に入った経緯です。

お坊さんがなぜ治療をするのか、とよく訊ねられましたが、僧侶は、神仏の道を説き、それらを表現し、人を癒し、導いていくことが務めです。私は、この波動良法によって、僧侶本来の使命を果たしていきたいと思っています。

# 第3章　人はいかにして病気になり、いかにして治っていくか

## 人はいかにして病気になるか

### 現代人の多くは、自分のなかにある自然治癒力を忘れている

現在、西洋医学・現代医学のほかにも、東洋医学や民間療法の見直しが進むことにより、さまざまな治療法が溢れています。そんななか、何がよくて、何が自分に効くのだろうかと、大勢の方が迷っておられることでしょう。

医学療法のほかにも、健康食品やサプリメントも隆盛をきわめています。そして、そのすべてに、なんらかの形で、「これで治った」「この効き目はすごい」というような情報が盛り込まれているわけですから、専門家でない人が迷うのは、当然だと言ってよいでしょう。

物事に迷ったとき、進むべき道に迷ったとき、仏教では内を見つめよと説いています。外にある仏を求めるのではなく、内なる仏を求めよとも説いています。

これは、自然治癒力にも当てはまることです。外にある治療方法を、あれでもない、これでもないと選ぼうとするから迷うのであり、自分のなかに病気を治し、癒す最高の機能があるということがわかっていれば、一切迷うことはないのです。

必要とされるもののほとんどがつくられ、どんどん便利になることによって、人間は自分のなかにある本来の力、どんな病気も治癒する力のあることを忘れてしまったのではないでしょうか。あるいは、そのようなものがあるということは知ってはいても、それを磨こうとはせず、外にあるものに頼ることによって衰えさせてしまったのではないでしょうか。

私が考え出した波動良法は、肉体・生命の〝場〟の環境をよくし、整えることにより、人間に備わった自然治癒力を最大限に発揮させ、その結果、痛みを消し去るものです。

そのように言うと、さまざまな異論・反論が出てくるでしょうが、圧痛点の痛みが消えてなくなることはたしかであり、これは事実ですから否定のしようがありません。また、異論・反論を展開する余裕もなく、いま現在痛みで苦しんでいる方、病気で苦しんでいる方には、たいへんな朗報になることも間違いありません。

だからといって、私はすべての人に、波動良法のみを押しつけるつもりはありません。西洋医学・現代医学には、多くの優れたところがあります。病院は病院で、多くのありがたさ、救いがあります。

病気になった方は、それぞれの長所を上手に取り入れて、病気を克服していけばよいのです。これだけを信じるというように限定して後悔することのないように、上手に病気を克服していただくことを念願しています。

## 症状がなくなったからといって、完治したとは言い切れない

川を想像してみてください。滔々《とうとう》と流れる川の水は美しく、急峻な岩間を流れる山の小さな川の水もまた美しい。しかし、流れることのない水は、「淀《よど》む」とも「澱《よど》む」とも表記され、汚れが蓄積して、ついには腐ってしまいます。

心にやましいことがあって、なかなか言葉が出ないことを「言いよどむ」といいますが、昔の人は、よどむということがよくないことだと、よく知っていたようです。万葉集にも、次のように歌われています。

松浦川　七瀬の淀は　よどむとも
我は淀まず　君をし待たむ

流れる水とよどみの関係については、病気についても同じことが言えます。淀んでいる水の汚れをいくら取り除いても、しばらくするとまた汚れがたまり、水はけっして美しくはなりません。病気も同じことで、汚れである病気を治し

ただけでは、心身の条件は同じですから、いずれまた再発することになります。

水の汚れを取ったあと、水がよく流れるようにしてあげれば、水は自浄作用でどんどん美しくなっていきます。身体も、自然治癒力で病気を治したあとに、その自然治癒力を維持し強化するようにしてあげれば、再発する可能性は少なくなるのではないでしょうか。つまり、よくなった状態をいかに維持するかが重要なのです。

また、病気の症状を治せば、もう病気は治ったと思われている方が多いと思いますが、それだけでは本当に完治したとは言い切れません。表面に現れている悪い部分を取り除いたからといって、元になる原因を取り除かないかぎり、完治したとは言えないのです。

## 病気に先駆けて、圧痛点が生じる

病気はいきなり起こるものではありません。身体のバランスが崩れたのをそのままにしておくことによって、悪いものがどんどん蓄積されていって、身体がついに耐えきれなくなったときに、病気になってしまうのです。

波動良法が指標としている圧痛点は、身体のバランスが崩れるや否やあらわれます。バランスが崩れた状態が続くことにより病気になるわけですから、圧痛点は病気になる以前に現れるのです。

しかしながら、身体のバランスを崩した直後の人は、まだ病気になっていないこともあり、圧痛点についても自覚はありません。痛いところはありませんかと聞くと、例外なく、とくにこれといって痛いところはありませんと答えます。

ところが、身体をいくつか押すと、痛みのあることがわかるのです。これは、私ではなく、ご本人に押してもらってもわかることです。

波動良法を行なうと、圧痛点は、たちまちのうちに消えてなくなります。〝場〟をよくしたあと、5分間ほど横になってもらいますが、圧痛点は瞬間的になくなるといっても過言ではありません。

圧痛点がなくなると同時に、身体の軽さを感じるようになります。元気なときというのは、とくに身体の重さを感じないものですが、そのような状態に戻るわけです。

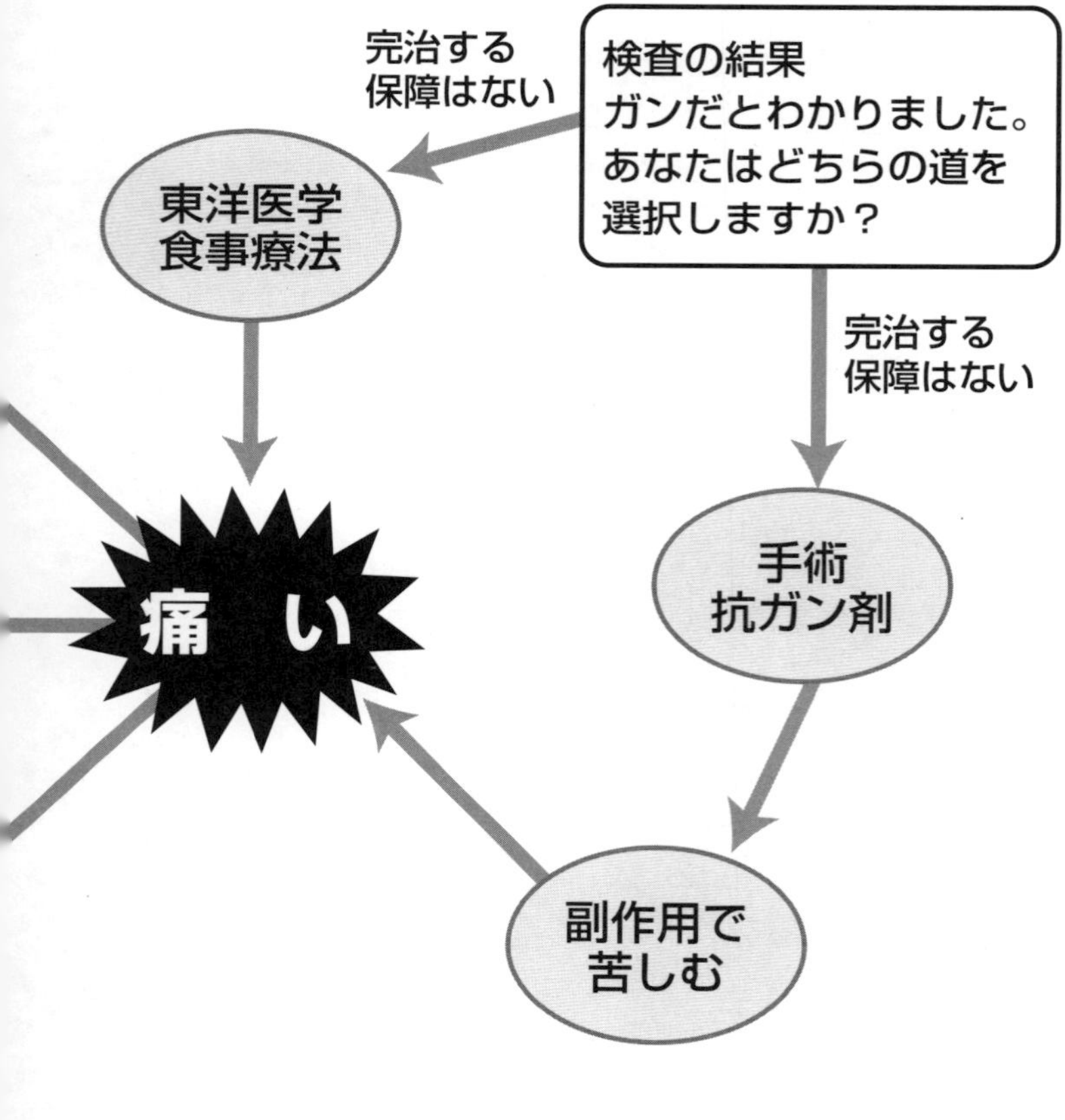
検査の結果
ガンだとわかりました。
あなたはどちらの道を
選択しますか？
完治する
保障はない
東洋医学
食事療法
完治する
保障はない
手術
抗ガン剤
副作用で
苦しむ
痛　い

### 薬（A）

抗生物質が効かない！　痛み止めが効かない！　ということをよく耳にします。

そのようになった人は、どんどん強い薬を使うようになります。

効き目の強い薬は、当然のことながら、副作用も強い薬です。

その強い薬を繰り返し服用することにより、自己治癒力も、それに比例して低下していくのです。

### 波動良法（B）

圧痛点の痛みは90%以上の確率で、その場でたちどころに消えてしまいます。

そのため、ほとんどの方がその場で楽になります。

エネルギーが失われていくことによって、再び痛みが出ることもあります。そのようなときは、集中的に波動良法を受けてください。自己治癒力が強くなるとともに、エネルギーが高まり、本来の機能がよみがえってきます。

波動良法は、体を傷つけたり痛めたりすることなく、体に力をつけていく方法です。

### 我慢する（C）

これは、やめたほうがいいでしょう。

なかには、とくに我慢強い人がいて、我慢できるかもしれませんが、そのことで治癒するわけではありません。

それに、我慢しているうちに悪化していく可能性も大きいのです。

## いかにして病気を治すか

### 生命の源である仙骨に強力なエネルギーを送る

病気は、自分でつくるものです。そのことは基本的にはわかっていても、とくにこれといった心当たりのない人もいるでしょう。

そのような人は、過去世（前世）において、法則から外れた思いを抱き、肉体を粗末にした人であると言ってよいでしょう。その過去世の結果が、現世に病気になるという形で出てきているのです。

症状に合う薬を、間違いなく服用しているにもかかわらず、なかなかよくならないというようなことが起きるのは、そのためです。

自分で病気をつくったということは、自分で病気を治すことができるということであり、自分以外には病気を治すことはできないということでもあります。傷つき歪《ゆが》んだ細胞を、本来備わっている自然治癒力で正常に戻してあげれば、病気は治るはずです。

波動良法は、波動を調整する方法であり、これを行なうことによって、自然治癒力が引き出され、強化されていきます。

施術者は、受け手側の生命の源である仙骨に、強力なエネルギーを送ります。そのことによって、受け手の自然治癒力が蘇り、最大の力を発揮して、歪んだ細胞を治していくのです。

## なぜ、仙骨にエネルギーを降ろすのか

仙骨は、宇宙エネルギーを受信する場所です。次ページの図①を見ておわかりのように、仙骨はカーブを描いています。

そこには、目には見えない丸い円（地球）が図②のように描かれており、宇宙と肉体を結ぶ架け橋となっています。肉体が小宇宙であると言われるのは、そういう理由からなのです。

この丸い円の中心は、古来より「臍下丹田《せいかたんでん》」と呼ばれ、たいへん重要視され

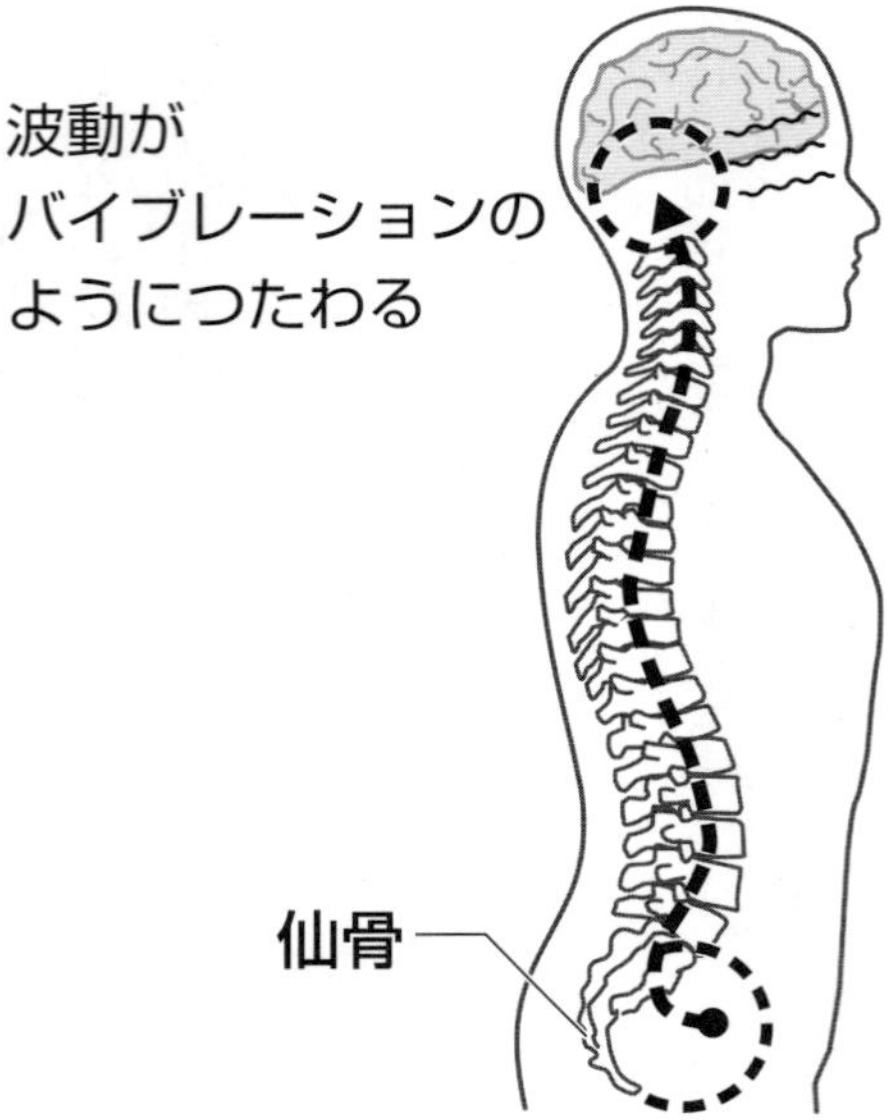
波動が
バイブレーションの
ようにつたわる
仙骨
図1

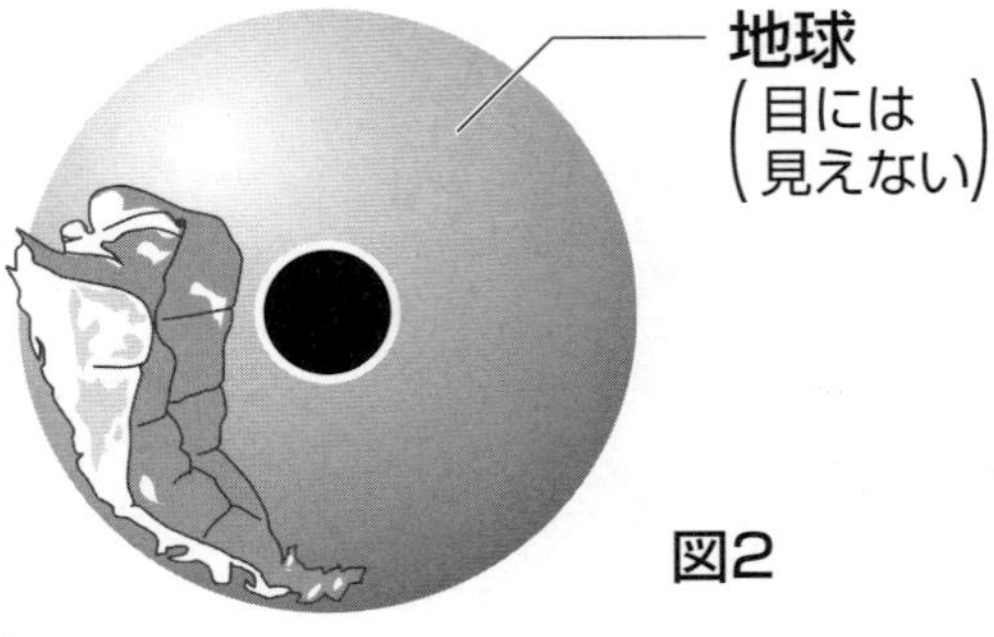
地球
（目には
見えない）
図2

てきました。

身体の波動は、この円の中心から仙骨を介して発振され、背骨から脳へと伝わっていきます。

仙骨は、人体の中心に位置しています（次ページ図③）。人体模型を使って、中心である仙骨を動かすと、それぞれの骨がすべて動きます。そのくらい、人体の中心となる仙骨は身体全体に影響を及ぼしているわけです。

精神世界においても、仙骨は「仙人の骨」とも言われ、未知なる骨とされてきました。

波動良法は、この未知なる骨、仙骨に働きかけていきます。

仙骨部分は、目に見えない円を描いています。円は大調和を表します。口絵のカラー写真④を見ておわかりのように、宇宙エネルギーは、大円光を放って仙骨に舞い降りているのが確認できます。

波動良法では、宇宙大円光エネルギーによって、仙骨部分の目に見えない円に働きかけ、仙骨本来の働きをよみがえらせていきます。身体の中心から、調

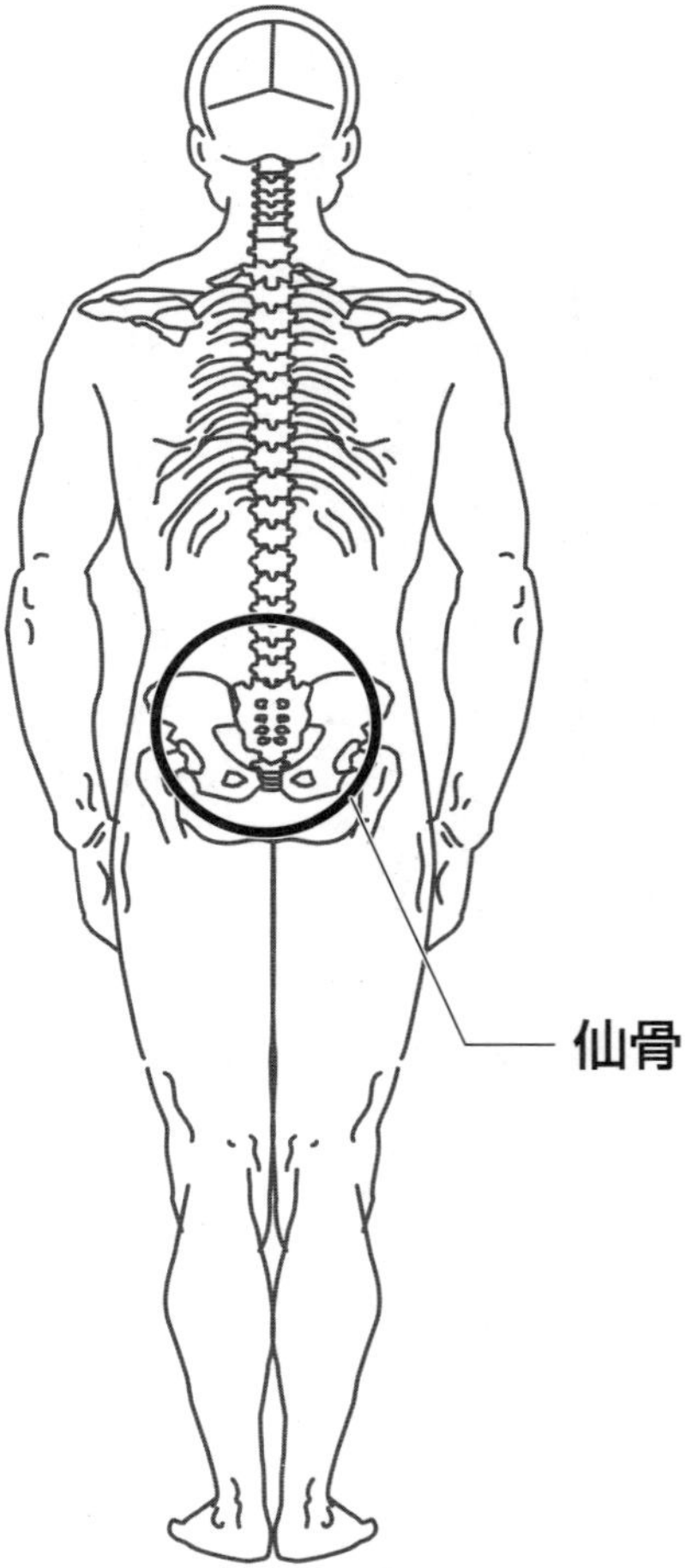


図 3　人体の中心に位置する仙骨

和のエネルギーが全身に行きわたり、自然治癒力が最大限に発揮されます。そうすると、不調和であった内臓や筋肉、骨などの各細胞が次々と調和の位置に戻り、不快な症状は自然に消えていきます。その結果、痛みが消え、身体が軽くなったことを実感するのです。

また、波動が高まっていくことにより、顕在意識もおのずと調和の方向へと向かい、心身ともに健康で快適な状態に変わっていくのです。

## 人間を超えた法則に従い、調和する

ガンを小さくしよう、ガンを消そうという意識。

健康になろう、長生きしようという意識。

これらは、ともに欲望です。しかも、そこには病気と闘うという強い意識があります。これは、人間を超えた大いなるものの法則に反しているため、思い通りになることはありません。

大いなるものの法則に従い、自然と調和していこう、自然治癒力を発揮させようと心がけると、病気は快方に向かいます。

不思議なことがいっぱいつまった肉体をいただいたことに感謝し、その肉体をいつもいたわり、大切にし、自然治癒力という得がたいメンテナンス機能に不備がないようにしておく。

ただ、それだけでよいのです。

それでも病気になったならば、波動良法によって自然治癒力を引き出し、高めればよいのです。

自然治癒力は、すべての人間に本来備わっているものですが、人間の肉体そのものが、人間を超えた大いなるものによってつくられているので、人間に本来備わっている自然治癒力も、人知を超え、人間を超えた大いなる癒しの力だと言えるでしょう。

波動良法は、その人間のなかにありながら、人間を超えた、内なる自然治癒力を引き出し、高めるものなので、言葉の正しい意味において〈心霊良法〉でもあります。

最新の科学の言葉を使えば、人間の体細胞の、原子核のなかの中性子・陽子・電子のはたらきを、正常化させるということなのです。

## 正常細胞のバランスを回復させ、ガン細胞を死滅させる

末期ガンで、あと何十日の命といった患者さんのなかに、元気になって末期ガンからの帰還を果たすというような方がいらっしゃいます。

そのような人を実際に見たり、話を聞いたりした方から、「なぜそのようなことが起きるのですか?」との質問をよく受けます。

私は、ガンを治そうとか消そうと思って波動良法を行なっているわけではありません。ガン細胞になっていない、正常細胞のバランスを回復させ、元気にしているだけなのです。

そのことにより、正常細胞からなる免疫機能が高まり、自然治癒力が蘇り、結果として、正常細胞からガン細胞へと変化する細胞がなくなるわけです。それに、すでにガン化してしまった細胞については、ガン細胞を食べてしまう細

胞（貪食《どんしょく》細胞〈※注〉とも呼ばれています）の働きが活発になることによって、ガン細胞を消してしまうわけです。

角を矯《た》めて牛を殺す、ということわざがあります。

これは、牛の角の形が悪いので、大きな力を加えて角の形を矯正しようとしたところ、牛が死んでしまったという故事に基づいています。そのことから、少しの欠点を直そうとして、かえってものごとをダメにしてしまうこと、つまらぬ末端の事柄にこだわって、肝心な根本をそこなうという意味のことわざとなりました。

※注　貪食細胞。Phagocyte。体内で細菌や組織の分解物など、異物を捕食する細胞の総称。白血球・マクロファージなど自発運動をするものが主体であるが、細網内皮系の細胞のように遊走しないもの（固定性食細胞）をも含めていうこともある。

波動良法は、ガン細胞をなんとかしようということではなく、圧倒的多数の正常細胞のバランスを回復させ、その機能を高めることを主眼とします。その意味では、「角を矯めて牛を殺す」の逆をいく方法だといえるでしょう。

波動良法は、病魔におかされた部分に意識を向けるのではなく、何十兆もの正常細胞に焦点を合わせて、その細胞を生き生きとさせて、病魔におかされた部分を癒してもらう方法なのです。

ところで、最近読んだ本『生命の暗号』（村上和雄著）のなかに、大変興味深いことが書かれていました。

著者によると、体の中の一番の指令塔は遺伝子で、自然治癒力を発揮する鍵は遺伝子が持っているのだそうです。

さらに、人間の奇跡的な出来事も遺伝子の働きなしには起きることなく、ある環境に巡り合うと、それまで眠っていた遺伝子が『待ってました』と活発に働き出すことがあるそうです。

『よい遺伝子をＯＮにする――そういう生き方ができれば、私たちは普通に持っている以上の力が出せる』
と、著者は書かれています。
そして、ほとんど全ての病気は遺伝子の働きに関係し、遺伝子が正しい形で働かないとか、働いては困る遺伝子が働き出すのが病気であるのだそうです。
このように、波動良法は宇宙円光エネルギーにより遺伝子に働きかけ、よい遺伝子を引き出すことにより、自然治癒力が高め上げられ、その結果として痛みが消えるということが言えるでしょう。

# 第4章　波動良法とは何か

## 波動良法とは

### 宇宙の法則のすべてに通じる現象に「調和」する

波動良法は、宇宙の法則すべてに通じる現象に「対立」するのではなく、「調和」することを原点としています。

調和の「和」は平和の「和」であり、皆で手をつなぐ「輪」に通じます。そして「輪」は「円」であり、「円」は「0《ゼロ》」に通じます。

この「0《ゼロ》」の波動こそ、仏教の般若心経で説く「色即是空・空即是色」の境地を実際に形で表したものなのです。私が長年かかって見出した「円光」を放つ波動は、いま病んでいる人、闇の中にいる人に一条の光を与えるものだと思っています。

ですから、私は、人の過去や前世を当てたり、先を予見したり、性格や因縁、長所短所を指摘したりすることを本願としてはいません。

私の本願は、人間の機能の素晴らしさ、自然治癒の力、自然治癒力を備えた人間の肉体の完全性を、少しでも多くの人に理解してもらい、病気にならず、健康なまま天寿を全うしてもらうことにあります。

そのために、細胞の進化向上をお手伝いし、肉体波動を宇宙エネルギーのチャンネルに合わせ受信できる身体にし、波動を高める手助けをしているのです。

## 波動良法を実際に行なうとき

人間の肉体は細胞組織でできていて、その細胞は、陽子、電子の寄り集まったものです。陽子、電子をさらに細かく分析すると、微粒子となります。

発光ダイオード（ＬＥＤ）で有名になった微粒子発光とは、シリコンなどの結晶体に電圧を与えることによって、発光させるというものです。ガリウムやヒ素の結晶体に電圧を与えると赤外線が発光し、ガリウムやリンは赤から黄色の発光となります。

つまり、微粒子を突き詰めていけば、光の波動になるということで、人間の内臓などの働きを波動測定する機械が、すでにドイツで開発され、日本でも普及しはじめています。

波動良法は、その人の肉体波動、感情波動を十分理解し、その人の波動圏に合わせることからはじめます。

相手の波動圏に合わせることができると、私自身の波動を「ゼロ波動」に持っていきます。そうして、宇宙エネルギー波動にチャンネルを合わせます。

ここまでくると、あとはもう、受け手側が宇宙エネルギーを受け入れることができるように導くだけです。

以上のようなプロセスを経て、肉体にまつわる感情波動、病的波動などの暗黒波動部分に、すべてのエネルギーの本源である宇宙エネルギーが流れ込むことにより、暗黒波動が浄められ、正常化します。

その結果、自然治癒力、免疫力が強まり、肉体の痛みが調和され、痛みが消えるのです。

「何回波動良法を受ければ、治りますか？」

と、よく質問されるのですが、その度に私は、

「あなたは、どれだけ身体をいじめてきましたか？」

と、反問しています。

さまざまなことを何度も行なって、汚れた波動をつくったならば、何度も掃除しなければきれいになりません。子どもの多くが比較的早期によくなるのは、そのためです。

波動良法を何度行なえばよくなるかは、その人によって異なり、一概には言えないということです。

## 波動良法の手順

最初に、うつ伏せになってもらいます。

次に、宇宙エネルギーを受信しやすいように、仙骨《せんこつ》を調整します。その際の仙骨調整は、その方の先祖の想いや念、因縁のお浄めなどが主になります。

このとき、私は柏手《かしわで》を打って、その人の肉体波動のリズムを、宇宙エネルギーのチャンネルに合わせます。

次に、立ってもらい、肉体の遺伝子に働きかけます。遺伝子は螺旋状《らせんじょう》になっているので、受け手側の全身に螺旋を描きます。

螺旋は、宇宙エネルギーを受信できるように、仙骨を7回、右回りと左回りに描きます。ゼロの場をつくると、宇宙エネルギーである円光波動が、上から流れるように仙骨に舞い降りていきます。それを撮影したのが、口絵カラーページの写真④です。写真には、宇宙エネルギーである円光波動がはっきりと写っていて、一目瞭然です。

宇宙エネルギーが体内に入り、駆け巡っていることを確認し、仰向けになってもらいます。

エネルギーを仙骨、蝶頸骨《ちょうけいこつ》と集約し、働きを強めていきます。

身体全体と〝場〟の環境をゼロ磁場にするために、柏手を打ちながら、身体全体を右に回り、次に左に回ります。そうして、宇宙エネルギーを降ろし、身体にまつわりついている暗黒波動を祓《はら》い、浄めます。

口絵写真②に写っている黒いヒモ状のものと、白いヒモ状のものは、マイナスエネルギー帯です。

私の役目はここまでです。私はその場所から5分間離れ、その方の治癒力の働きを邪魔しないようにします。

５分後、圧痛点を確認します。このとき、90％以上の確率で、痛みは消えています。

## 波動良法中に起きている、通常では目に見えない現象

波動良法を受けると、圧痛点の痛みがなくなりますので、効き目をはっきりと体感することができます。しかし、波動良法を受けたことのない人のなかには、そんなことはありえない、目に見えないエネルギーをどう信じればよいのかと思われる方もいらっしゃるでしょう。

そこで、エネルギーを普通のカメラで撮影してみたところ、はっきりと形としてとらえることができました。私自身、その写真によって波動良法の効果をより確信したのです。

よりわかりやすくご理解いただくために、良法前、良法中、良法後を写真で説明することにします。その他にも、普段は目に見ることができない写真を撮影しましたのでご覧ください。口絵ではカラーで紹介しています。

**暗黒波動、骨状波動の写真（初回時に撮影）**

左の写真に写っている方は、腰が悪く、下半身の痛みが続くため、４回も手術をした方です。手術をしても痛みは消えず、薬も効かないので、病院をたらい回しにされ、私のところに来院されました。

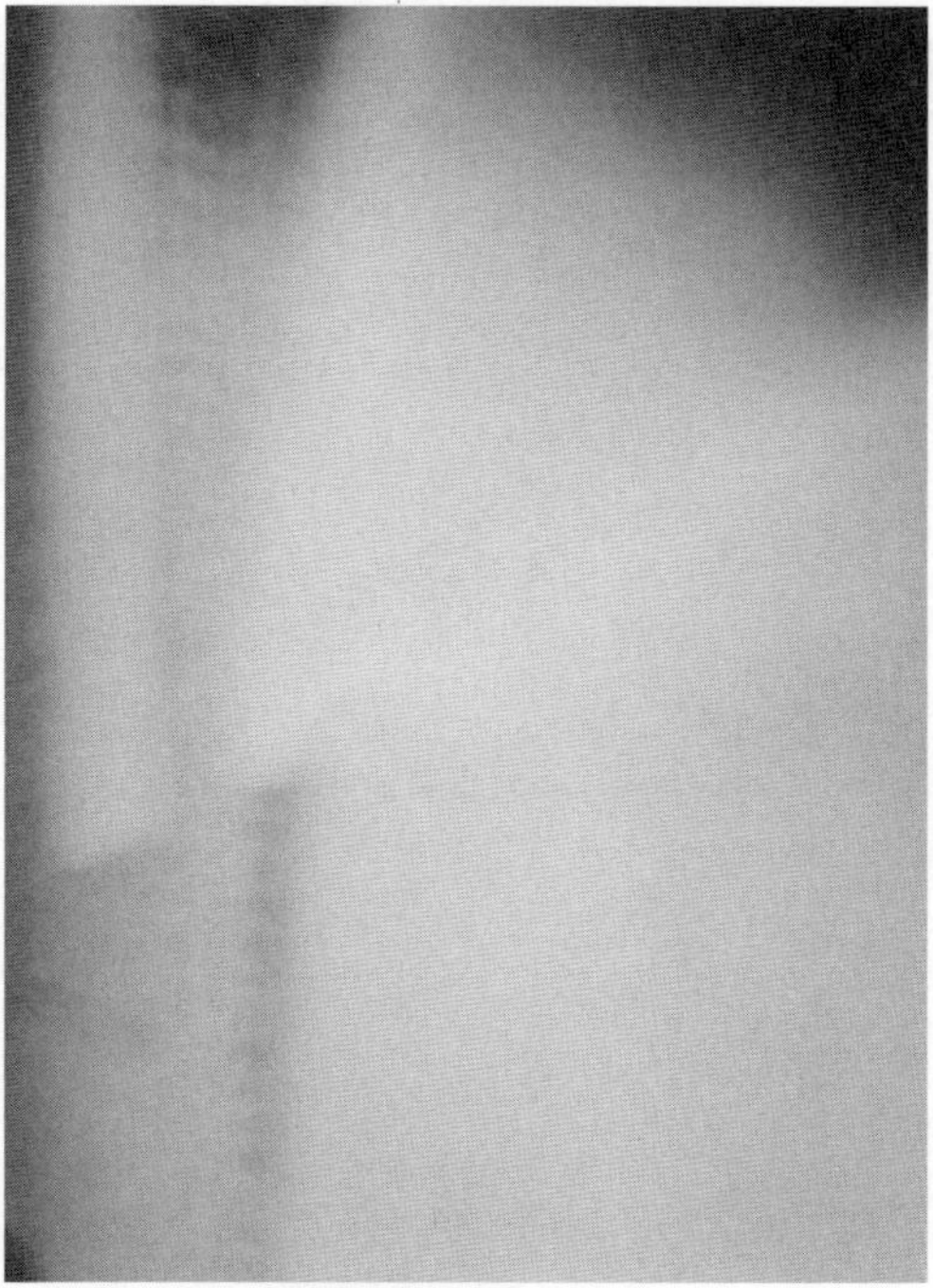
▲暗黒波動と骨状波動
真っ黒な波動におおわれていて肉体が見えない。

その方に、うつ伏せになってもらい、全身を撮影したのが、前ページの写真です。

肉体環境が悪すぎるため、肉体は写らず、レントゲン写真のように、骨状のものだけが写し出されています。

まわりにも暗黒波動が写し出され、黒くなっているのがわかります。

会社の環境が悪いと、社員は働きにくくなり、能率も上がらず、売り上げも上がらなくなります。それをそのままにしておくと、会社は倒産してしまいます。

人間の身体もそれと同じで、肉体の環境が悪いと、細胞は働きにくくなり、機能不全に陥ります。そして、それをそのままにしておくと、病気になってしまいます。

会社の場合、業績不振に陥り、これではまずいと良い人材を入れても、会社の環境そのものを良くしないかぎり、せっかく入社した良い人材も、力を発揮することができません。

身体も同じで、疲れがたまり、あちらこちらがおかしくなりはじめたからと、いくら良い薬を服用しても、身体の環境そのものをよくしなければ、良い薬もその作用を発揮することができません。それどころか、薬の場合は、身体の環境が悪いと、副作用が通常よりも増すことになります。

そのことが、もっともはっきりとあらわれるのが抗ガン剤です。抗ガン剤は、ガン細胞を叩くための薬ですが、残念なことに、同時に正常細胞をも叩いてしまうことがあります。そのため、ガン細胞をある程度やっつけたのはいいけれど、一緒に叩かれた正常細胞がそれに耐えきれず、頭髪は全部抜けてしまい、胃腸の具合も悪くなり、いつも気持ちが悪いという状態に陥ることが往々にしてあります。また、ガン細胞を叩けたのはいいけれど、肝心の患者が死んでしまった…。そんな悲劇に陥ってしまったりすることもあります。

それに対して、波動良法は、肉体環境を良くすることによって、自然治癒力を高め、その力をおおいに発揮させる方法なのです。

## 波動良法を受ける直前のマイナス波動の写真

左の写真は、２回目の波動良法を受ける直前に撮影したものです。初回時より少しよくなり、肉体が写るようになりました。足のまわりに、白と黒のヒモ状のマイナス波動が、うごめくように取り巻いているのが、はっきりわかります。マイナス波動は、本来このようにカメラで撮影できるものではありません。

肉体環境が悪いため、自然治癒力が衰え、細胞に動きがなく、固まった状態になっています。細胞は、酷使されたために、悲鳴をあげていると考えられます。本人には、それが痛みとして伝わっているのです。

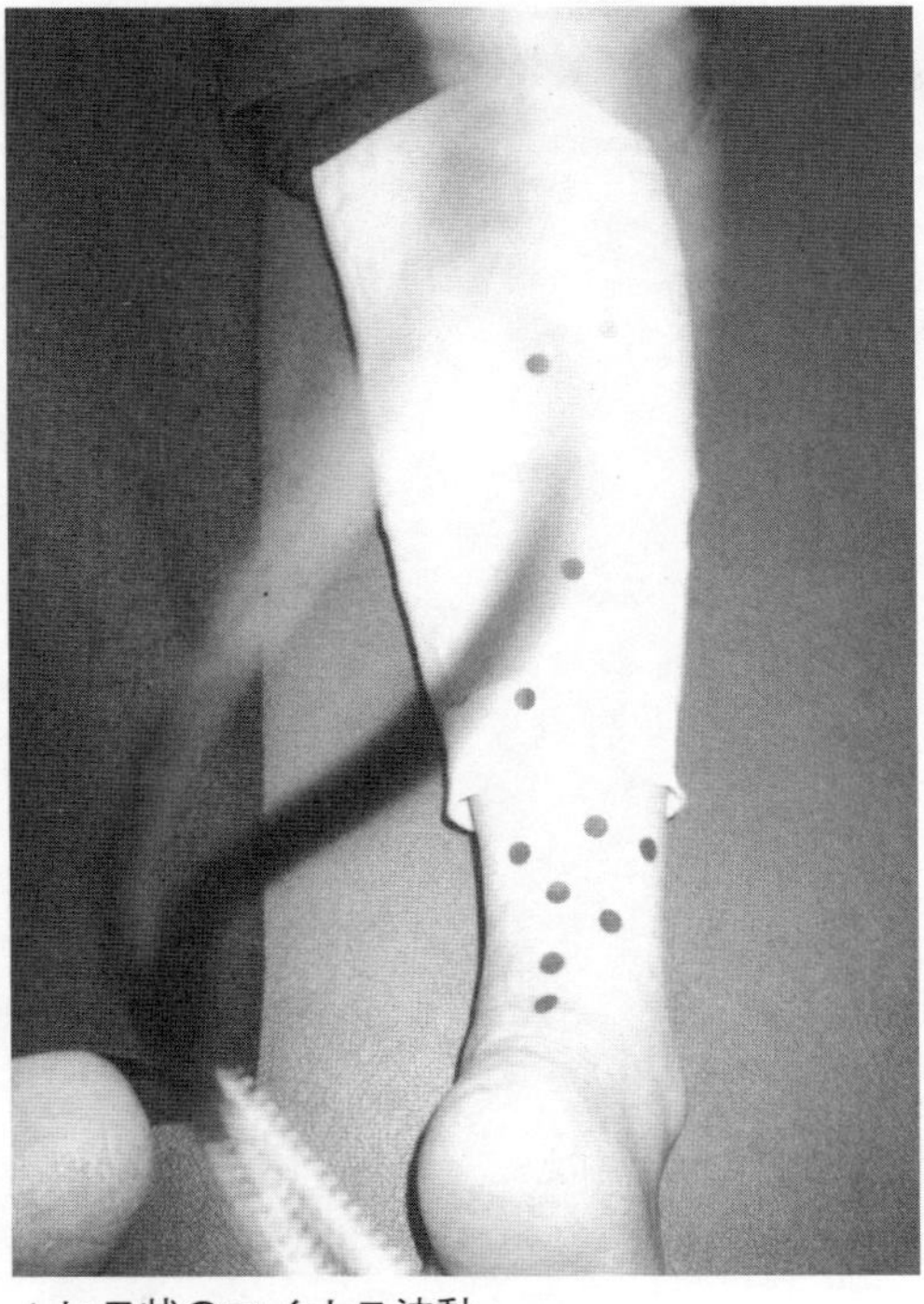

▲ヒモ状のマイナス波動
足のまわりにまとわりついている。

## 波動良法を受けた後の写真

左の写真は、2回目の波動良法を受けた直後を撮影したものです。

波動良法を受ける前には、足のまわりにうごめいていた白と黒のヒモ状のマイナス波動が、きれいな白光に変わっていることがはっきりと確認できます。

マイナス波動は不調和、白光は調和と言い換えることもできます。

白光の先のほう（土踏まずのあたりから）には、まだ黒い波動が残っていますが、波動良法を続けることによりなくなっていきます。

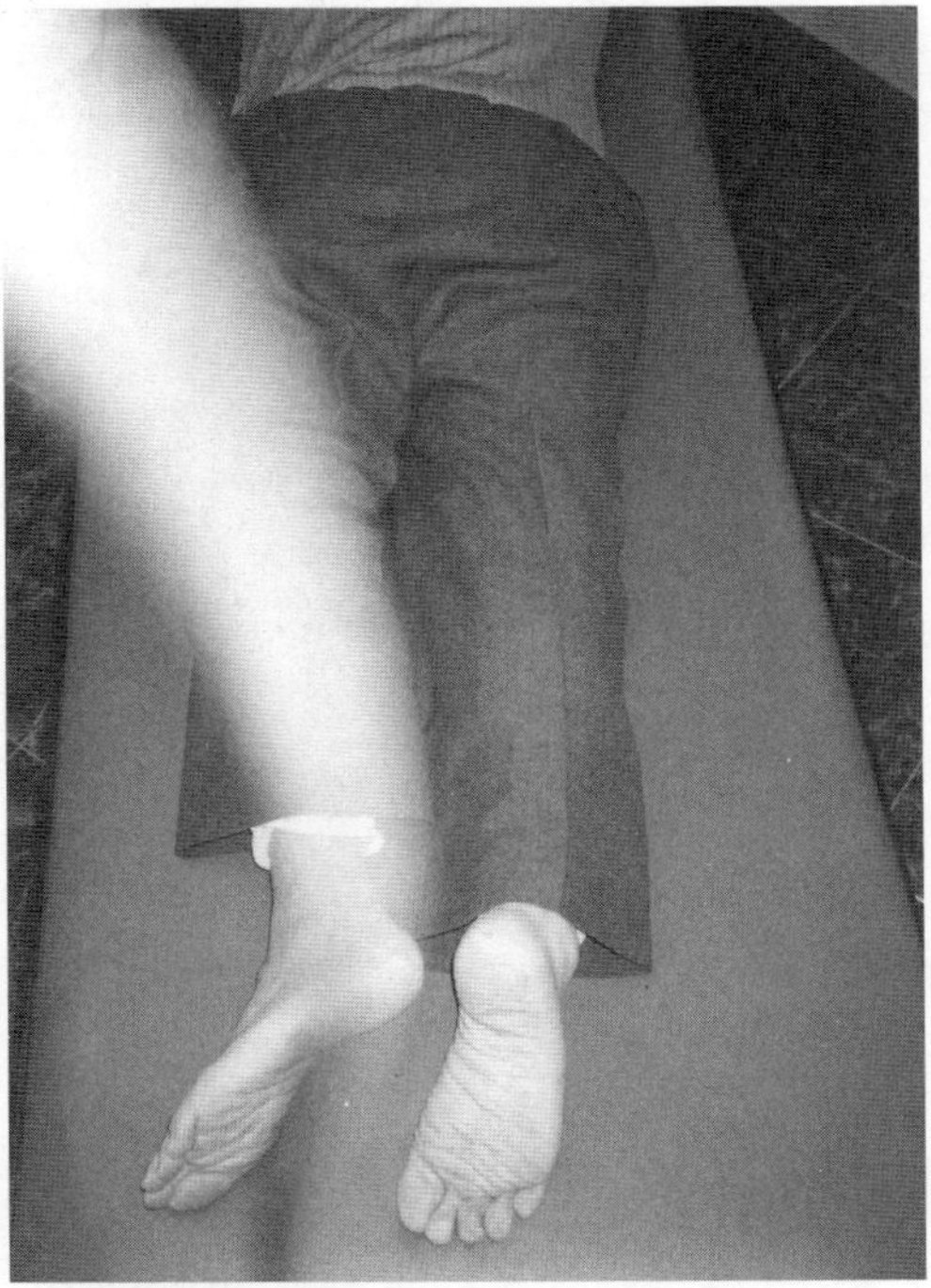

▲波動良法の直後
足のまわりにあったマイナス波動がきれいな白光に変わっている。

## 宇宙円光エネルギーが頭上から舞い降り、仙骨に入る写真（波動良法中に撮影）

左の写真は、人が立っている状態を撮影したものです。白く大きなものは、白い光が幾重にも重なったものです。下のほうは、白い光が重なっていないので、光の向こう側が透けて見えます。白い光は仙骨を目指しています。仙骨は、脊柱の下端部、つまり腰部にある二等辺三角形の骨です。５個の仙椎が癒合していて、尾骨とともに骨盤の後壁となっています。

その仙骨に、白い光が幾重にも重なって舞い降りているわけですが、この白い光こそが宇宙円光エネルギーです。

宇宙円光エネルギーが丸い円のかたちであることは、とても重要です。丸い円は調和を表す形であり、地球も月も宇宙も丸い円の形で構成され、神仏の御心は調和にあるからです。

仙骨は宇宙エネルギーを受信する場所であり、ここから体内に入った宇宙エネルギーは全身に広がり、全細胞のバランスを回復させ、自然治癒力を呼び覚まし、高め、身体を癒していくのです。

▲仙骨に入る円光エネルギー

## 宇宙円光エネルギーを降ろした瞬間の写真

私は僧侶ですので、家を建てる前のお祓いをよく頼まれます。お祓いとは、〝場〟の環境をよくするということです。悪い因縁があったならば、お浄めをし、悪いことが起きないように祈願したりもします。

波動良法は、人間の身体に対するお祓いのようなものです。どのようにして、人間の身体のお祓いをするかというと、光の力を使うのです。光は闇を照らし、マイナス波動を調和のとれた白光に変えます。

左上の写真は、宇宙円光エネルギーが降りる前で、降りた直後が左下の写真です。この白光も白い光が幾重にも重なったものです。

似た者同士は自然に集まり、類は友を呼ぶと言われます。白光によって環境が浄化されたならば、悪いものを引き寄せることはありません。病気も病気の原因も遠ざけ、健康と幸福とを引き寄せることになります。

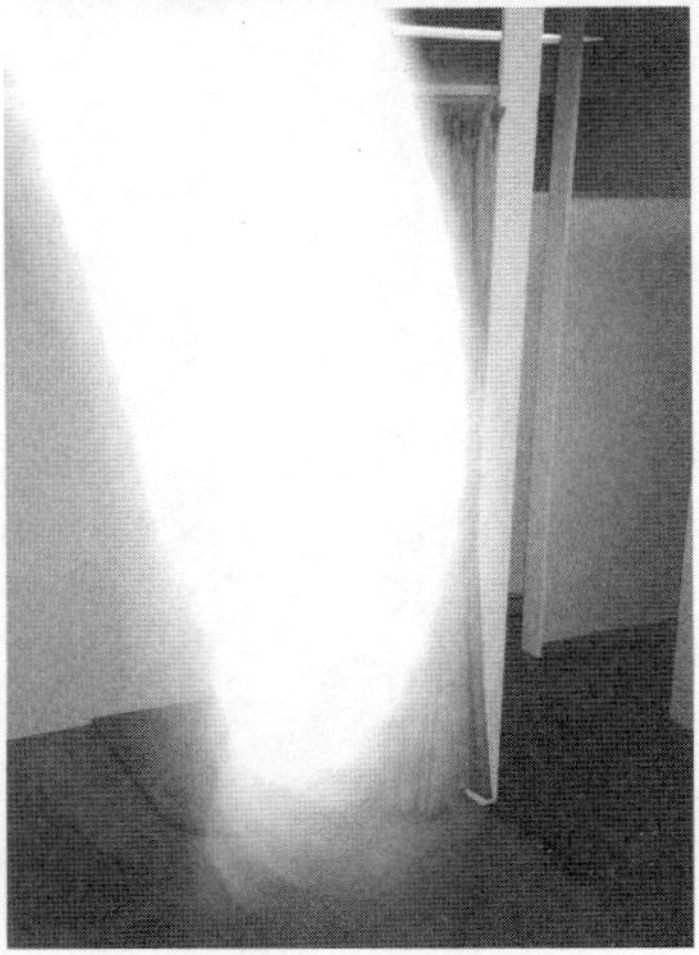

## 神仏のエネルギー

私は、お寺でお説教をするときに、よく次のように言っていました。

「僧侶からは仏様の光が出ています。このような光が、亡くなった方の手助けとなるのです。お葬式の時も、僧侶は光を放ち、亡くなった方が迷わないように、苦しまないように、手助けをし、導いていくのです。僧侶が導く師、導師と呼ばれるのは、そのためです」

その光については、私には見えても、他の人には見えないので、私の言うことは、その人が信じるか信じないか、の次元でしかないものでした。

そこで、私は、なんとかその光の存在を証明しようと、写真撮影を試みました。そのようにして撮影したのが、左ページの写真です。

左上に、小さな光がいくつも見えます。口絵のカラー写真⑦でよく見ていただきたいのですが、光は白い光と黄金色の光とが入り混じり、流れているのがわかります。

▲著者の頭上に流れるエネルギーの光

# 第5章　肉体・精神・心霊が、病気の原因をつくる

## 〔肉体〕がつくる病気の原因

### 自分が必要とする睡眠時間は、自分の身体に聞く

8時間睡眠がよい、大人になれば6時間睡眠で十分である、寝過ぎはよくないなど、睡眠時間については、いろいろな説があります。そんななか、いったい何時間寝ればよいのかと、迷っておられる人も多いのですが、必要とする睡眠時間は、人によって異なります。そのため、睡眠時間については、ご自分の身体に聞かれるのが一番です。

同じ人であっても、年齢によって必要とする睡眠時間は違ってきますし、季節や疲労の度合い、その日の体調によっても違ってきます。それらのことを、

じつは身体は十分に理解しているのです。

ですから、どれくらい寝ればよいのかは、自分の身体に聞き、自然な形で寝て、自然な形で起きるようにすればよいのです。それを、何時間寝なければならないとか、何時間以上は寝過ぎでよくないというように、頭で考えて睡眠時間を決めるから、バランスを崩してしまうのです。

バランスを崩した肉体は、本来の機能に戻りにくいのですが、波動良法を行なうと、ほとんど瞬時に元に戻ります。波動良法は、人間に本来備わっている自然治癒力を呼び覚ますもので、自然治癒力には、副作用のない驚くほど大きな力があるからです。

## 善に捕《と》らわれれば悪となり、代謝能力を悪くさせる

タバコを吸い、お酒を飲み、ときには食べ過ぎたりしている人でも、元気な人はたくさんいます。その一方で、食べものにこだわり、健康食品などをさかんに摂っているにもかかわらず、元気がなく、不健康になっている人がたくさ

んいます。

波動良法について勉強をしはじめた頃、これはいったいどういうことなのかと、矛盾を感じたりもしましたが、今となれば、よくわかります。

「善に捕《と》らわれれば悪となる」

という言葉があります。これは、たとえ善いことであっても、それに捕らわれると悪になるという意味です。どんなによい食べ物でも、それに捕らわれると生命の働きは不活発となり、代謝能力を悪くさせるのです。

何につけ、捕らわれるというのは、性格的なものが強いので、いくら理屈で捕らわれることはよくないとわかっても、なかなか捕らわれから自由になれません。捕らわれることの多い人は、性格を変えることも大切です。

何かに捕らわれるということも含めて、長年、身体に対して無理強いした結果、代謝が悪くなっているという症例を、よく見受けます。波動良法によって、自然治癒力を何度も引き出せば、代謝能力は自然に目覚めていきます。

## 食事は常識的な線を守り、「食事健康法」に捕らわれないように

　さまざまな食事健康法があり、どの健康法も納得できるものです。しかしながら、私は食事健康法をすすめてはいません。いくらその食事健康法が優れたものであっても、そのことに捕らわれるようになるという弊害が目につくからです。

　捕らわれてしまうと、生命は生き生きしなくなり、栄養の吸収率が悪くなります。インスタント食品は控えめにするとか、暴飲暴食を避けるなど、常識的な線を守り、あとはおいしく、感謝して食べればよいのです。そうすれば、生命が生き生きとし、自然治癒力を引き出すことができます。

　それとともに気をつけなければならないのは、私たちは日々身体のなかに、さまざまな毒素を摂り入れているという点です。毒素といっても、砒素《ひそ》などの毒ではなく、食品添加物や防腐剤、農薬などのことです。

　これらは、体内に入ったあと排泄されればよいのですが、どうしても身体のなかに少しずつ残ってしまうようです。そうすると、肉体の本来の機能が徐々

に低下して、ついにはバランスを崩してしまうことになります。

その結果、病気になるわけです。違う言いかたをすると、毒素が沈殿した肉体は、病気をつくることによりバランスをとるのです。

波動良法を受けると、身体本来の機能が目覚めてくるので、いま自分の身体が何を欲しているか、直感的にわかるようになります。

なかには、波動良法を受けても、身体が何を欲しているかわかりにくい、という人もいらっしゃいますが、そのような人は田舎のお年寄りを見習えばよいでしょう。まず簡素、少食を心がけます。そして、自然のもの、旬のものを食べればよいのです。


**歩行やストレッチを心がけ、柔らかい身体の状態を保つ**

肉体を動かさないと、細胞は動きにくくなります。食べ物によりエネルギーを摂り入れ、運動によって発散させる。それを、上手に、無駄なく、無理なく、余らせることなく、繰り返せばよいのです。

発散するエネルギーが、摂り入れたエネルギーよりも少なくなると、また今度発散するときのために取っておきましょうということで、脂肪などに蓄積されます。それが重なることにより、成人病になったりするのです。

10代と20代、20代と30代、30代と40代とでは、生命を維持するのに必要な最少のエネルギーである基礎代謝量が違います。

基礎代謝量は、日本人の成人男子で１日１４００キロカロリー、成人女子では１２００キロカロリーくらいだと言われています。この基礎代謝量が、加齢とともに減少するのです。

ですから、50歳を過ぎて、20歳のときと同じようなものを、同じくらい食べていると、基礎代謝量は減っているわけですから、肥満となって成人病を誘発させるわけです。

基礎代謝量は、加齢以外にも筋肉の減少などによっても減ります。無理なダイエットをすることにより、脂肪のみならず、筋肉まで減らしてしまった人が痩せにくいのは、そのためです。

しかも、無理なダイエットにつきもののリバウンドが起きると、筋肉は元通りにならず、脂肪だけが元通りになります。このとき、体重が元通りになったならば、元の身体よりも悲惨な状態になっています。元の身体よりも筋肉が減っているにもかかわらず、体重が元通りになったということは、元の身体よりも脂肪が増えたということにほかならないからです。

波動良法の観点からすると、運動不足により、摂り入れたエネルギーが、発散したエネルギーを上回り続けると、エネルギーの滞りにより、細胞のバランスが悪くなるとみなします。だからといって、激しい運動をすることは、身体に負担をかけることになります。なるべく、歩行やストレッチを心がけるようにするとよいでしょう。

肥満はブヨブヨというイメージがあるため、お腹などを押してみて、硬いと安心している人がいますが、これはとんでもないことです。しこりなども塊《かたまり》であり、痛い箇所を押すと硬いのです。

波動良法は、全身の細胞を活性化させて動かすので、エネルギーの滞りや歪みなどを解消します。そのことにより、痛みなどは、何ヶ所あっても、すべて同時に消えてしまいます。そして、痛みが消えた箇所は、とても柔らかくなっています。

## 〔精神〕がつくる病気の原因

### ストレス・感情の乱れが、病気をつくる

現代はストレス社会と言われ、ストレスにさらされるのは当然だと言う人もいますが、これはとんでもないことです。病気の人は、とくにストレスを放っておいてはいけません。ストレスを感じることにより、身体エネルギーが滞ってくるからです。

人間のエネルギーは、螺旋状に流れています。この流れが滞ると、細胞のバランスが悪くなり、治癒力が弱まります。

怒り、悲しみなどの感情の乱れとストレスは、螺旋状に流れる人間のエネルギーの流れを激しく阻害し、流れを滞らせます。そのことが、免疫をはじめとする自然治癒力を弱らせるのです。

自然治癒力が弱まれば、年中人体に入ってきている病原菌が、これ幸いとば

かりに分裂を繰り返して勢いを増し、宿主である人間を病気にしてしまうのです。

以上のようなメカニズムで、人間は病気になるのですが、途中を省略すれば、怒り、悲しみが、病気をつくるということになります。

このことは、じつは日本では古くから言われていることです。昔の人は、ストレスや免疫などの知識はなかったものの、病気の本質についてはよくわかっていたようです。

波動良法は、身体の中心に強いエネルギーを入れる方法なので、身体のエネルギーが滞った箇所は、必然的に解消されます。身体の中心に、強いエネルギーが入っていくのは、写真でご覧になったとおりです。

痛みが消えて身体が軽くなるのは、身体のエネルギーが滞った箇所が解消されたことの証明にほかなりません。

## 宇宙エネルギー波動により、精神も自然に変わっていく

病気や不幸は、生命と想念行為とのアンバランス、不調和にあります。生命の働きを抑圧したり妨げたりする想念行為が多いか少ないかによって、病気や不幸の差ができるわけです。人生において、自分の考えかたを振り返りなさいというメッセージが、病気となって現れるのです。

私は、あまりお説教をしません。たとえそれが真理であろうと、ただただ宇宙エネルギーの波動を受けられるように、身体のチャンネルを合わせ、波動を高めていくだけです。

そうすることによって、身体が強くなるとともに、精神も自然に変わっていくからです。

## 病気は、身体的・精神的な歪みへの警告

病気はその人自身の、自然や宇宙法則軌道に外れた物理的、精神的歪みによって起こります。

身体は、微妙な磁気バランスに立脚《りっきゃく》して歩んでいます。身体的、精神的な歪みが生じると、微妙な磁気は、不調和を起こします。

正常であれば、磁気はプラスとマイナスで、お互いを引きつけながら調和しています。

歪みが生じると、微妙な磁気をもつ細胞はマイナスとマイナスになり、不調和を起こし、バランスを崩します。すると、それは痛みとなり、自分自身に対して警告を発するのです。

そのとき「ああ、警告を受けた」と、身体的・精神的な歪みがどこにあるかを探し、歪みを正せばよいのですが、大半の方はその声に耳を傾けようとはせず、すぐに医者や病院に行ったり、薬を服用したりして、身体的・精神的な歪みがどこにあるかを探そうとしません。

その結果、身体的・精神的な歪みが正されないことになります。身体的・精神的な歪みが正されないということは、病気の真の原因がそのままになっているということです。原因があれば、結果が出るのは当然であり、病気は繰り返されます。

痛みの箇所は、磁気バランスから見ると、マイナスとマイナスで反発しあっていて、硬くなり、不調和状態になっています。

自己治癒力を引き出すと、細胞は戻る位置を知っていますから、不調和（－－）から調和（＋－）の方向に動き、痛みが消えます。不調和から調和へと改善された部分は、柔らかくなります。

## 〔心霊〕がつくる病気の原因

### 光は業の闇を照らす

人間には前世、つまり過去世があります。その過去世から現在までの誤った想念の蓄積を、仏教では「業《ごう》」と呼んでいます。

自分の業が表面に現れたときと、祖先の悪因縁の影響を受けたとき、不幸になったり病気になったりします。

僧侶が光を放射することは、口絵にある写真⑦のとおりですが、その光は業の闇を照らします。慰霊の力があり、御魂《みたま》の手助けとなるのです。

### 霊媒体質の人は、人の想いを受けてしまう

何につけ敏感な人、感受性が強い人、霊感が強い人は、霊媒体質的な人であると言えます。霊媒体質の人は、人の想い、感情が直感的にわかりますから、

知らず知らずのうちに人の想いを受けてしまいます。

そのため、絶えず肩こり、頭痛、腰痛、腹痛を訴えます。それらの感情の波を蓄積し続けると、取り返しのつかない病気になる方が多いのも事実です。

また、〝場〟の悪いところ（お墓、自殺の名所、因縁のある土地など）に行くと、未浄化のさ迷っている魂がとり憑き、精神病になったり、原因不明の病気にかかったりすることもあります。

波動良法は、波動を高め、上げていきます。お風呂に入って汚れを洗い流していくような感じで、目に見えない汚れを洗い流していくのです。

波動良法を受けることにより、もともと持っているエネルギーが内から引き出され、強い体質になり、回転コマのように邪気をはねのけていきます。

波動良法は、宇宙エネルギーと体内エネルギーを合致させるので、その結果、身体はとても軽くなります。

## 人間の寿命―天寿を全うする

人間の寿命は3段階に分かれています。第一の寿命、第二の寿命、第三の定《じょう》命《みょう》です。

現在はいろいろなことが発達し、いろいろなことをやり過ぎることによって、第一、第二の寿命で他界する方が、非常に多いように見受けられます。そのことは、僧侶としてお葬式をとり行なっているとき、とくに痛切に感じました。まだ生きることができるのに、じつにもったいないと、よく思ったものです。

第三の定命は、本当の寿命である天寿です。この定まった命である定命まで生きることができれば、死に際も苦しむことなく、この世を全うすることができます。

人間はみな、生を受けたこの世で、前世の業まで浄めてしまうほどの修行をし、霊的な高みに達して、痛み苦しみのないなかで、天寿を全うすべきなのです。それが、人間としていちばん大切なことなのに、なぜこのようなことになってしまったのか。人をみな、第三の定命までもっていくには、どうすればよいのか。

そのことを、真剣に考え、突き詰めていくなかで、徐々に完成していったのが波動良法です。

波動良法は、人間が神からもたされた自然治癒力を最大限に引き出す方法です。すなわち、人間が本来もっている無限なる力を引き出すための手助けとなるものです。

定命まで健康を維持し、さまざまな社会的活動を持続しながら生きることは、かつては人間にとって自然なことでした。それが、さまざまなことに人間の手が加わり、ありとあらゆるものが人工的になっていくなかで、難しいことになってしまったのです。

波動良法は、そのような人工と自然のアンバランスや逆転を是正する方法でもあります。

# 第６章　日常生活における自然治癒力の引き出しかた

## 症状に対しての捉えかたを変える

症状が出たとき、不安になって病院へ行ったり薬を飲んだりするのは当然の行為ですが、ひとつつけ加えてほしいことがあります。それは、自分の身体は悪いことはしない、身体はがんばっていると、素直に認めてあげることです。なぜなら、不安を抱えたままでは、身体の自然治癒力は悪化したままとなり、回復しないからです。

病気の症状が出たということは、感情に乱れが生じたとか、無理をしたとか、食べ過ぎたというように、原因となることがあったということです。そのことを反省し、原因を取り除くことが、病気を治すことになります。原因となることがらを取り除けば、自然治癒力がよみがえり、あとは自然治癒力がすべてやってくれるのです。

病気となる原因を自分自身でしっかりと把握し、自己治癒力を信じて任せるという素直な気持ちが、病気を治す基本だと思います。

## 病気を通して何を学んだか

病気になって、健康のありがたさを学ぶ人、自分の性格を反省する人、人生を深く考え直し、人生観を改める人。そのほか、人間は、なぜ生まれ死んでいくのだろうと、真理の探究に向かう人などもいて、さまざまです。

病気は、私たちに対しての警告であり、メッセージなのですから、病気を機会に、病気をとおして、さまざまなことを学ぶ必要があります。

## 肉体に感謝をする

私たちは、足が痛い、身体が衰えてきた、顔の形が悪いなどと、身体に対する文句を言うことが多い一方で、感謝をすることは稀です。

身体は、じつによく働いてくれています。私たちが寝ているあいだも、休まず呼吸をし、血液を循環させ、24時間体制で病原菌と戦ってくれています。

植物でさえ、話しかけたり、音楽を聞かせたりすると、よい反応をしてくれることがわかっています。無機物の水でさえ、「ありがとう」という言葉を話しかけると、きれいな結晶となり、マイナスの言葉を投げかけると、いびつな結晶が描き出されるということがあきらかになっています。

人間の細胞は、60兆の細胞で構成され、そのひとつひとつに、意識があると考えられます。細胞ひとつひとつに意識があり、それが全体と絶妙の調和をはかり、私たちの身体を生かしてくれているのです。

その細胞に対して、私たちが文句ばかり言っていると、どうなるか。

細胞は悲しみ、働くことに嫌気がさしてきます。その状態が、自然治癒力の低下なのです。

昔の人は、言葉には独特の力が宿っていて、それを言霊《ことだま》と称しました。私の研究でも、言葉はエネルギーを持っていて、さまざまなことに影響するということがわかっています。

身体を生かしてくれている大いなるもの、手足や内臓からひとつひとつの細胞に至るまで、日々感謝を忘れないことは、とても大切なことです。

その感謝の念が、眠っている細胞を目覚めさせ、自然治癒力を強くするのです。

感謝は、すなわち光です。

## 自分に合った健康食品・食事療法

健康食品には、あまり悪いものはないと思います。しかし、人それぞれに体質があるように、自分に合った健康食品を摂らなければ、かえって身体に負担がかかり、病気をつくったり、悪化させたりすることになります。

ごはんや野菜などのふつうの食べものでも、身体によいものだからといって、毎日同じものを食べたり、食べ過ぎたりしたならば、お腹をこわしてしまいます。健康食品やサプリメントもそれと同じで、同じものを大量に摂取すると、思いがけない逆効果に見舞われることになります。

私は、それらのことを踏まえ、栄養重視の健康食品を避け、分解を中心とした健康食品だけを薦めています。また、食事療法に関してはあまりこだわらず、極端なことをしないように指導しています。

生命を生かす。自然治癒力を高める。それが、私の指導の基本であり、その線に沿った食事療法とは、すでに述べましたが、繰り返しますと以下のようなことです。

## 1　粗食を心がけ、旬のものを、腹八分に、おいしく食べる

食べたくないものを無理して食べると、消化吸収が悪くなり、生命の働きを

弱め、生命を生かすこと、自然治癒力を強めることに反することになります。

## 2　水を2リットル以上飲む

肉体の70％から80％近くが水でできているのですから、よい水を、1日に最低2リットル飲用することを薦めています。たとえ汚い用水路であっても、綺麗な水を毎日たくさん流してあげれば、やがて綺麗な水になります。人間の身体も、それと同じであるといってよいでしょう。

よい水については、いまはブームともいえる状況で、テレビや新聞、雑誌などで、よく取り上げられています。水に関する単行本なども、何百冊と出ているのではないでしょうか。

それに、水療法を専門とする病院まであるわけですから、よい水を飲用することが、どれほど大切なことであるか、ご理解いただけると思います。

## 3　毎日呼吸法を行い、イメージ瞑想をする

人間は吐いて生まれ、吸って死んでいきます。赤ちゃんがオギャーと産声をあげて誕生し、年老いて、息を引き取り死んでいくのです。呼吸とは、じつに不思議なものであり、未知の領域のように感じます。

私のところでは、鼻で吸って、口からゆっくりゆっくり吐く腹式呼吸を薦めていますが、このとき、特にイメージを描くことを大切にしています。

吸うときには、大地から無限のエネルギーが体内に入り込み、身体を駆け巡るというイメージを描きます。

吐くときは、全身の毛穴から、黒雲の毒素がどんどん出ていくというイメージを描きます。

また、なるべく樹木や植物の近くで呼吸法を行い、無理をせず自分のできる範囲で実行することを薦めています。呼吸法は１日や２日で効果が上がるというものではないので、気長に続けることが大切です。まさしく「継続は力なり」です。

呼吸法にもイメージが大きな働きをしますが、イメージの原型をつくってのイメージ瞑想にも、大きな効果があります。ヒーリングミュージックを聴きながら、1日に1回、病巣が治っていくさま、健康になった自分の姿をイメージすることにより、自然治癒力が高まり、病気を癒してくれます。

## 4 大自然と触れ合う

静かに目を閉じて、自然との交流を楽しみましょう。

大地のエネルギー、動物のエネルギー、植物のエネルギー、新鮮な空気のエネルギー、山のエネルギー、海のエネルギーなど、ありとあらゆる生命エネルギーが、無限に注ぎ込まれます。

今まで聞こえてこなかった音を感じ、清々しい気持ちを感じ、本当の自分に還ることができます。

大自然の偉大さを改めて感じ、病気治しのヒントを与えてくれることでしょう。

# 第7章　波動良法についての1問1答

## 病気とは、何なのでしょうか？

――ある人から、あなたの病気は心が悪いからだと言われたのですが…。

あなたの病気は、必ずしもあなたの心が悪いからだ、とは言えません。病気は、肉体と精神と心霊の3つからなる、さまざまな原因が組み合わさって起きるものです。

心が悪いから病気になるのだとしたら、なぜ赤ちゃんが病気になるのでしょうか。大人でも、人格、性格の素晴らしい方が、病気になったりしています。

それに、死を迎えるときには、ほとんどの方が病気になって死を迎えているというのが現実です。

そうしたことから、波動良法は、その方の波動を高め、内部の力を引き出し、それらの原因を自分自身で治していただくように、補佐的な役割をします。

波動が高まることによって、自然に考えかたも変わっていきますから、心が悪いと自分を責めずに、長所を伸ばすようにしてください。波動良法でも、病気細胞（短所）を相手にしてはいません。十分に活動できていない素晴らしい細胞（長所）のあることを認め、それを引き出すことによって、不調和である痛みが消え、病気（短所）と言われるものが必要なくなり、自然に消えてなくなっていきます。

## ――波動良法で、病気は治りますか？

私は医師ではありませんから、「治る」という表現を使うことはできません。

また、病気は本人にしか治すことができないという主旨で、この波動良法を行なっています。

実際に波動良法をお受けになり、ご自分の治癒力を高めると、痛みの部分がどのように変化するかを体感してみてください。「百聞は一見に如かず」です。

## ――病気は体の浄化作用ですか？

宇宙は、すべてが調和するために働いています。

雨が降り、台風が来るというのも、蒸発することによって失われた地上の水分を元に戻し、気圧を一定に保って空気の汚れを一掃するためです。

肉体も同じで、悪いものをきれいにするための浄化作用として現れるのが、本来の病気です。

宇宙に起きる現象は、すべてよいことばかりなのです。雨、台風、病気など、嫌な現象であり、一見悪い現象でもあるようなのですが、深いレベルで考えれば、よい現象なのです。

病気は、深いレベルではよい現象ではあるのですが、自分でそれを捉える力が不足していると、痛い思いをし、苦しまねばなりません。

そこで、波動良法により、宇宙エネルギーを降ろして、固まって動かなくなっている細胞、充分に活動できていない細胞の目を覚まさせ、浄化のお手伝いをするのです。

## 波動良法は、どのように有効なのでしょうか?

――波動良法は、どんな病気の人に有効ですか?

波動良法は、人間に備わっている自然治癒力を引き出す方法ですから、どんな症状に対しても有効です。体感、実感ということを考えると、痛みのある方、内臓疾患、ガンの方、今まで苦しんだ体験がある人には、変化がすぐ現れるので、わかりやすいと思います。

――波動良法は気功ですか?

波動良法を受けていただければおわかりのように、私は手をかざして気を出すという行為はしていません。波動良法と気功とは、あきらかに違います。柏手《かしわで》を打って、肉体と宇宙エネルギーを共鳴させ、患者さんの自然治癒力を高め、その場から離れます。

あとは患者さん自身が、自分に備わった本来の自然治癒力で、病気を治すのです。その間、私は何もしません。その方の自然治癒力の発現を邪魔しないようにします。

誰にとっても、最高の名医は、自分のなかにある自然治癒力なのです。

## ——信じなくても効果はありますか？

何ひとつ信じていない人であっても、痛みの箇所があれば、90％以上の確率で消えます。

痛みが消えたということは、体内で何かが起きたということにほかなりません。痛みが消えたということは、体内で変化が起きた証拠でもあるのです。

痛みの多い方ほど、効果のあったこと、体内で変化のあったことを実感されています。

私が一番強調したいのは、私がいない５分間の間で痛みが消えるという事実です。これこそが、本人の自然治癒力が痛みを消した何よりの証拠なのです。それは事実であり、信じるとか信じないといったレベルのことではありません。

## ――１回の良法で良くなりますか？

子どもなど、若い方は、毒素（先祖からの業、過去世から現在に至る、誤った想念の現れ。また薬毒、食物の毒）の蓄積も少ないので、身体の修復作業が早いということが言えます。

また、年齢のいった方でも、さほど身体をいじめてこなかった方は、毒素の蓄積も少ないので、年齢の割に、早くよくなるということが言えます。

回数については、もちろん1回でよくなる人もいます。しかし、多くの場合、出てきた毒素＝痛みについては、その場で消えるのですが、しばらくしてまた痛くなったりします。

それは、体内に蓄積されていた毒素が出てきたということで、たいへんいいことなのですが、症状としては痛みとして現れます。その痛みを消し、出てくればまた消すというようにして、徐々に体内に蓄積されていた毒素を取り除いていくわけです。

以上が、波動良法によって、長年にわたって体内に蓄積してきた毒素を一掃するメカニズムです。そこで、ズバリ何回くらいでよくなるかということですが、その前提として、人によっては蓄積された毒素の質や量が異なるということがあります。

そのため、一概には言えないのですが、5回から10回くらいを、一応の目安にしていただければよいのではないでしょうか。

## ――どのような間隔で受ければいいですか？

波動良法を受けた直後、自然治癒力が最大限に発露し、痛みが消えたり、体が軽くなります。個人差がありますが、その後、３日から１週間近く、よい効果が持続します。そのため、はじめのうちは、３日に１度のペースで通われるとよいと思います。

## ――良法後、眠くなりました。

波動良法を受けると、その人に一番ふさわしい状態が強く現れるようになります。

過去において、充分に寝ていなかった場合など、当然眠くなります。

また、病気を治すとき、細胞があなたを眠らせようとしますので、その細胞の声に従ってください。

眠っているときに、弱っている箇所にエネルギーが集中し、治しにかかります。

病気は、寝ないと治りません。

## ——良法中、柏手を打っているのはなぜですか？

受け手側の身体から暗黒波動が出てきて、それが私のほうに、扇風機の風のように向かってきます。その受け手側の暗黒波動と、私の波動とが交差したとき、柏手を打って、浄化させるのです。

それと同時に、宇宙エネルギーを受信できるように、肉体リズム、波動を切り替えていきます。柏手は、右手（陰）と左手（陽）を合わせることにより、光を放つのです。

――風邪を引かなくなり、引いても治りが早くなってきました。

波動良法は自然治癒力を引き出す方法なので、風邪を引きにくい体質、引いてもすぐに治る体質に変わっていきます。

年をとると風邪を引きやすく、いったん風邪を引くとなかなか治らないとよく言われます。しかし、それは加齢のせいではなく、自然治癒力が低下したためです。もっとも、一般的には加齢にともない自然治癒力が低下するので、あながち間違いだとは言えませんが、理由が違うわけです。

自然治癒力は、身体の他の部位と同様、使わなければその機能が低下していきます。薬や医師の治療にばかり頼っていると、自然治癒力が低下し、年齢とともに治りが遅いと感じるようになるでしょう。

## 波動良法における〝痛み〟の意味は？

### ――波動良法は、痛みが消えるだけですか？

痛みを消すのが目的ではありません。自然治癒力を引き出すことが、波動良法の目的です。

病気は、本人にしか治せません。治すのは、その方の自然治癒力です。良法後、痛みが消えたことを確認するのは、本当にその方の自然治癒力が働いたことを、はっきりと理解していただくためです。

痛みが消えるということは、自然治癒力が働いた結果なのです。

**――良法中、痛む箇所はなくなりましたが、また痛みが戻りました。**

それは、痛みが元に戻ったのではなく、なかに溜まっていた毒素（原因）が出て来たということなので、再び痛みを消せばよいのです。

波動良法は、痛みを溜めることなく、現れれば消してゆきます。

波動良法を受ける以前は、痛みが出ると、すぐにいろいろなことをし、言うならば「ごまかして」きたわけです。毒素（原因）を消し去るのではなく、体のなかに押し込み、溜めることによって、症状を消してきた（出ないようにしてきた）のです。

波動良法の理解が進んだ方のなかには、痛みが出てくると、嬉しいとおっしゃる方もいます。痛みが出てくるということは、体内に溜まっていた毒素が現れたということであり、現れれば消え、どんどん身体が軽くなっていくからです。

## 波動良法で、ガンは治りますか？

### ――ガンになって絶望しています。

ガン細胞というのは、すべての人にほぼ毎日発生しています。それを、毎日自然治癒力でやっつけることができている人は、ガン患者にはならず、やっつけられない人がガン患者になってしまいます。

つまり、ガン細胞があっても、体に悪影響を及ぼさないこともあるのです。必要のないものは自然に消えていくのですから、自分の自己治癒力を認め、信じることが大事です。

人間は、病気で死ぬのではなく、寿命まで生きて死ぬのだということを深く認識してください。

## ――この治療でガンは治りますか？

治すのは本人の自然治癒力です。他にどのような方法があるというのでしょうか？

たとえば、この治療で病気が治るという治療があれば、病気で死ぬ人はいなくなります。しかし、現実はどうでしょうか？

私は、この真理に気づき、自然治癒力を引き出す波動良法にたどり着きました。

人間は病気で死ぬのではありません。寿命で死ぬのです。

そして、寿命は3段階に分かれています。

第一の寿命、第二の寿命、第三の定命。波動良法で自然治癒力を引き出していけば、苦しみ少なく、第三の定命まで生きることができると確信しています。

# 第8章　波動良法を体験した人の声

## 体験者の声

### 全身ガンながらも、腫瘍マーカーは正常値に

北海道　50代　女性

私の母は大腸ガンの末期で、全身に転移していて、あと3日の命と診断されました。本人も痛みに苦しんでいて、見ているのがとてもつらく、切なくなるほどでした。

私たちは、最後の望みをかけて、松本先生の波動良法を受けることにしました。朝の時点では、1人で歩くことすら困難な状態だったのですが、1回の施

術で、なんとその日の夜には自分で着物を着て、食事会に行けるほどになったのです。

ガンは肺を半分まで侵し、肝臓は3倍くらいに腫れて、胃も働かない状態でした。そのため、母の回復力にはびっくりして、信じられないくらいでした。

2週間後に、近くの病院に行って検査をしました。その結果、レントゲンで見るとガンが消えているわけではないのに、腫瘍マーカーが正常値になっていることがわかりました。

本人はどこにも痛みを感じず、元気でスタスタ歩いていたのです。その姿を見て、病院の院長先生が首を傾《かし》げ、

「私は医者を30年以上もやっているが、こんな不思議な経験をしたことがない」

と、言っていました。

私は、覚悟をして、母を近くに連れて来て、最後のときを自宅で過ごそうと思っていたのですが、思いがけず安らかな日々を過ごすことができました。呼吸が少し苦しそうであること以外は、痛いところはどこもなく、点滴も酸素マ

スクも薬も、何もしていません。そのような末期ガンの患者が、どこにいるでしょう。

「どうしてこんなことができるのですか?」

と聞いたところ、松本先生は、

「私が治しているわけではありません。その人の治癒力を最大限に引き出している結果です」

と言われました。

それでも私は、いつも痛い痛いと言っていた母の姿を見ていたので、いくら本人の力とはいえ、それを引き出してくれた松本先生の波動良法にとても感激しました。

その後も、少しでも具合が悪いと、1日に何度も駆けつけてくれて、先生には感謝の気持ちでいっぱいです。

現在、たくさんのガン患者さんが末期の痛みに苦しんでいると聞きますが、モルヒネも打たず、チューブだらけの姿も見ず、何の副作用もない、こんな良法があることを、１人でも多くの方に知らせてあげたいと思っています。

## 治ることのない白血病だが、身体がとても楽になった

北海道　50代　女性

白血病という重病にかかり、正直言って心身ともに真っ暗になりました。もちろん、すぐに命がどうこうなるわけではないのですが、治ることのない病気です。

治療薬のインターフェロンなどの副作用で、身体がパンパンに張ってしまい、とてもだるくて、週に2日は鍼やマッサージへ行かないと、もたないような状態でした。

松本先生のことは、同じ病気を持つ知人から紹介を受けました。

半信半疑で行った最初は、身体に何が起きているのか全然わからなくて、次回の予約を入れていたのですが、電話でお断りをしました。

ところが、松本先生の波動良法を受けたその日に、いつもの鍼の治療院に行って、とても驚きました。鍼の先生にもマッサージの先生にも、松本先生の良法のことは一言も言わなかったのですが、最初に鍼の先生が、

「どうしたの？　今日は、いままでのなかで一番体調がいいんじゃないの？」

と、驚くのです。

その後、マッサージの先生も同じことをおっしゃいましたので、そこではじめて、波動良法の効果が出ているのだとわかりました。

もちろん、急いで再度松本先生に予約を入れ直したことは、言うまでもありません。

私が通っている病院の先生は、東洋医学や代替療法に理解のある先生で、病院での治療を続けながら、効果が期待できるものはすべて試してくださいと勧めてくれました。

松本先生の良法は、最初は毎日続けていました。無菌室に毎日通ってきて下さったときもあります。私の身体は、本当に楽になりましたが、なぜ効果があ

るのかは、目に見えない世界の話ですから、よくわかりません。

ただ、目に見えることとしては、私の顔つきが変わったことや、痛みがとれて身体中が軽くなったこと、それに、現実に私の病状がだんだんよくなってきて、お医者様が驚かれるくらいによい状態を保っているということです。

何が起こっているのかはわかりませんが、何かが起こっているのですね。

私は、今まであらゆるものを勧められ、試してきましたが、自分の治癒力を引き出してくれたのは松本先生だけです。

## 子ども（風邪で40度の熱）の喉と頭痛が、瞬時に消えた

北海道　女性

13歳の子どもが風邪を引いて、40度前後の熱が３日ほど続きました。病院で抗生剤と解熱剤を貰いましたが、指示通りに飲んでも、熱は一向に下がりません。次第に体力、気力が落ちていき、喉が腫れて痛そうで、頭痛もあるようで、

とうとう食事も喉を通らず、目も開けていられなくなってしまいました。

そのうえ、薬も効かないので、母親の私は不安でたまらず、以前にお稽古の先生からご紹介いただいた、松本先生の良法を受けることにしました。

松本先生のところに行く車のなかでも、子どもの意識は朦朧としていて、足取りも不安定だったのですが、たった1回の波動良法で、あっというまに喉と頭の痛みが消えました。そのとき子どもは、今なら食事ができる！　と思ったそうです。

家に帰ると、ほんとうに食事ができるようになり、久しぶりにまともな食事をとってくれました。熱は、その後徐々に下がっていきました。

子どもは、喉と頭の痛みが瞬時に消えてくれたことで、かなりホッとし、身体もずいぶん楽になったようです。親としては、子どもが苦しんでいる姿を見るのは、大変つらく、胸が痛みます。

そんなときに、松本先生の波動良法は痛みを消してくれると同時に、精神的にも助けてくれました。本当にありがとうございました。

## 3回の波動良法で、20年来の蓄膿症《ちくのう》がすっかり治った

東京都　20代　女性

私は蓄膿《ちくのう》症のため、いつも鼻が詰まって、すっきりしない日が続いていました。

松本先生の波動良法を紹介され、受けたところ、鼻の通りがスーッとよくなって、目もすっきりしました。

その後３回の良法で、蓄膿症はすっかり治ってしまいました。

それだけではなく、生理痛がつらいときに良法を受けると、お腹がゴロゴロと動いたあと、痛みがスーッと消えていきます。不思議なことですが、今ではすっかり生理痛もなくなりました。

お薬に頼っていた日々が嘘のようです。

## 一瞬にして、リウマチの痛みが消えた

滋賀県　65歳　女性　リウマチ

長年苦しめられたリウマチの痛み。といっても、その痛みは他人にはわからないと思います。どこの病院、治療院に行っても治らないままでした。

松本光平先生の治療を受けるご縁をいただき、治療は一瞬なのに、不思議なことに痛みがなくなり、驚きました。ですが、長年身体をいじめてきましたので、また痛みが出てきます。

松本先生は、なかに蓄積された痛みの要素が出てきている、と言われましたが、私はなかなか理解できませんでした。

その後、波動良法の回数が増えるに従い、身体が軽くなってきて、ようやく松本先生の言っていることを、身体でわからせていただいた気がしています。

今では、おかげさまで、普通に歩けるくらいにまで回復しました。

また、これまでは座薬をしなければ眠れなかったのですが、今では座薬なしでも十分に眠ることができ、大変喜んでいます。

これからも波動良法を受けて、身体を大切にして生きていきたいと思っています。

## 強い薬も効かなくなったほどの頭痛が、10年ぶりに消えた

北海道　30代　女性

私は、若い頃からずっと頭痛に悩まされてきました。最初の頃効いていた病院の薬もだんだん効かなくなり、薬はどんどん強いものへと変わっていきました。やがて強い薬も効かなくなり、痛みと苦しさで10年近くもまわりの人や夫に迷惑をかけてきました。

ある日、夫が知人から松本先生のことを聞き、「駄目でもともとだから、受けるだけ受けてみれば?」と言うので、半信半疑で松本先生のところへ行くことになりました。

受けてみてびっくりしました。1回受けただけで頭が軽くなり、1ヵ月くら

いで、あれほど悩まされていた頭痛が、すっかりなくなりました。いまは薬もまったく飲まなくなり、薬が効かないときの不安と恐怖、長期にわたる頭痛の苦しみなどが、もうほんとうに嘘のようで、夢のようです。その上、なぜだか生理痛もまったくなくなり、感謝の気持ちで一杯です。こんな快適な生活があることの幸せを、日々噛みしめています。もっと早く、松本先生に巡り会えればよかったと思うこのごろです。

## 流産を繰り返していたが、ついに元気な赤ちゃんを授かった

北海道　30代　女性

松本先生に波動良法をしていただくようになって、すでに3年が経ちます。特に病名のつく病気を持っていたわけではありませんが、流産を繰り返しており、何とか子どもができる身体になりたいとの一心で、松本先生の良法を受けました。

流産については、１９９8年に妊娠をしたときが最初で、その後3度も妊娠初期の流産を繰り返しました。そのことにより、私は精神的にも肉体的にも追い詰められた状態にありました。

病院で検査をした結果、身体的な異常は見られないが、着床できにくい身体なので、子どもは難しいということでした。しかし、それでも諦めきれず、不妊治療を受け、妊娠することはできたのですが、またしても流産してしまいました。

そこで、これでダメなら諦めようと心に決めて、松本先生の良法を受けたのです。はじめて良法を受けたときは、あまりにも時間が短いので、物足りなさを感じました。しかし、良法後、身体の痛みがすべて消えているのを実感し、その不思議さにびっくりしました。

先生は、

「あなたは自分の力で自分の身体を癒し、治しました。痛みが消えたのは、その結果です」

と、言われました。

そのとき私は、この良法で体質改善ができ、妊娠出産できるかもしれないと直感しました。

あれから3年、私は一児の母です。松本先生のおかげで、妊娠した後、はじめて流産することなく出産まで行き着くことができ、元気な赤ちゃんを授かりました。

今では、親子3人で、健康維持を目的に、波動良法に通っています。この良法に巡りあえたことが、私の人生を大きくよい方向へと変えてくれました。

## 良法中に空間が歪み、七色の光が交叉を繰り返すのが見えた

北海道　40代　男性

妻が通っていて身体の調子がよさそうなので、最初は半信半疑でついて行きました。妻が波動良法を受けているベッドをぼんやり眺めていると、先生が手

を動かしているあたりから、陽炎《かげろう》のように空間が歪んでいるのがわかりました。それは、20センチから30センチくらいのものでした。

気のせいかと思い、何度も見ましたが、陽炎や蜃気楼のように、空気が立ち上って揺らめいていることはたしかでした。患部の近くは変形し、また元の形に戻るというような動きでした。

七色の光が、交叉を繰り返しているのも見えました。

そのような目に見えない世界を見ることは、私にとって生まれてはじめてのことでした。

私は、驚くと同時に、あまりの素晴らしさに感動しました。

その後、私も良法を受けるようになりました。今では、週に1回のペースで続けています。良法をする前と比べると、疲れにくくなったように感じます。

また、以前よりストレスが溜まりにくくなったとも感じています。学生時代のように、夜眠ったら翌日にはきちんと疲れが取れている、この状態が健康体というのだと実感しています。

良法は、受けるとすぐに眠くなります。先生の言葉で説明すると「身体が自己修復をはじめるから」だそうです。

肉体的には、胃腸がゴロゴロと動きはじめ、お腹の張りがなくなるという特徴があります。身体中の痛みが消え、全身が非常に軽くなるのも、良法ならではのことです。

この良法に出合えたことで、私の今後の人生までも変えていただいたような気がしています。

## 激しい痛みに襲われた後、7年越しの胃潰瘍が完治した

北海道　55歳　男性　胃潰瘍

7年前に胃潰瘍になって以来、何回も胃潰瘍を繰り返し、今にガンになるのではないかと不安の日々を過ごしていました。

病院に行っても、薬と注射ばかりで、その薬も最初の頃は効いていたのです

が、だんだん効かなくなり、強い薬へと変わっていきました。そうして、とうとう手術を迫られるはめになりました。

波動良法を知人に紹介されたのはそのようなときでした。時間が短いので、これでほんとうに治療になっているのかと、最初は不思議に思いましたが、初回から胃の痛みが、スーッと楽になりました。

その後、回数を重ねる度に胃が軽くなり、もうこれしかないと思いました。35回目の良法の日の夜、急に激しい胃痛に襲われ、熱も38度に上がり、一時は救急車を呼ぼうかとまで思いましたが、我慢することにし、翌朝病院に行きました。

検査の結果、なんと胃潰瘍がきれいに治っていると言われたのです。

松本先生から、治るときには痛みが出る、熱が出るということを聞いてはいたのですが、自分が本当に体験するとは、思ってもみませんでした。

私には、もう波動良法しかないと思っています。

## 土佐清水市・T病院時代の患者さんの声

### 腫瘍マーカーの進行が止まり、ガンが消えた

熊本県　34歳　女性　乳がん

3年半前、乳ガンで右胸とリンパを切除し、その後経過は良好だと思っていました。それが、今年の7月ごろから咳が止まらなくなり、腫瘍のマーカーもどんどん上がってきて、肺への転移を知りました。

化学療法はなるべく避けたかったので、ガンの治療で有名な高知県土佐清水市のT病院に行き、そこで波動良法を知り、週に2回受けました。結果は、それまで上昇していた腫瘍マーカーの進行が止まり、ひどい咳による背中や胸、腰の痛みなども消え、咳そのものも軽くなってきました。そして、1ヵ月半後には右肺のガン細胞が消えていると言われたのです。そのときは、言葉にする

ことのできない喜びと感謝で一杯でした。

また、胃痛なども瞬時になくなるので、今では胃薬よりも松本先生を頼っています。遠い四国に最後の望みをかけて行きましたが、N先生の治療と松本先生の波動良法に出会えて本当によかったと感謝しております。

## 波動良法10回で、再発ガンの進行がピタリと止まった

岐阜県　40歳　女性　乳がん

ガンにかかったのは、今から4年前でした。そのとき手術をしたのですが、2年半前に再発しました。そのときのショックは、言葉では言い表せないほどでした。

T病院で波動良法に出合い、最初の頃は、変化がありませんでしたが、10回目くらいから身体が軽くなってきて、よく眠れるようになりました。

痛みも、その頃からほとんどなくなってきました。検査をすると、血液もよ

く、腫瘍マーカーもよくなり、何とガンの進行が止まっていたのです。とても嬉しく、感謝しています。

本当にありがとうございました。

## 1回で痛みが消え、現在は、血沈、腫瘍マーカーも正常値に

石川県　38歳　男性　肺がん

とにかく背中が痛くて仕方がありませんでした。波動良法をしていただいて、1回で痛みが消え、喜ぶとともに、びっくりしています。

現在では、血沈が正常値、腫瘍マーカーも正常値になり、退院を心待ちにするまでになりました。

本当にありがとうございました。

## 1回の良法で頭痛が消え、手のむくみ、顔の腫れも消えた

熊本県　57歳　女性　膠原病

私は、ステロイドの副作用で頭痛があり、ずっとモヤモヤしていました。しかし、１回の良法で、何ヵ月も続いた頭痛がスッキリしました。また、目が重く開かなかった状態だったのですが、数回の良法で目がスッキリ軽くなりました。そのうえ、何よりも嬉しかったのは、手のむくみ、顔の腫れがなくなったことです。

Ｔ病院は、遠い四国にあり、行くときはためらわれましたが、本当に行ってよかったです。ありがとうございました。波動良法の発展を心よりお祈り申し上げます。

## 鎧《よろい》を着けたように重かった背中が、あっというまに軽くなった

山口県　47歳　女性　肺がん

鎧を着ていたような背中の重みが、1回の波動良法で半分になりました。良法を受けた次の日には、逆に重くなりましたが、2回目にはさらに軽くなり、本当に驚いております。

検査結果も良好になり、大変喜んでおります。本当にありがとうございました。

今後も波動良法を続けさせていただきたいと思いますので、よろしくお願いいたします。

## 小児リウマチの子どもに、９ヵ月目にはっきりとした効果が

愛知県　女性　子どもの小児リウマチ

子どもが、約4年前の小学校2年生のときに、小児リウマチを発病しました。最初の2年半は、ひざ、ひじ、足首の関節炎で、時たま痛みが強いときは、半日から1日ぐらいの間、歩くのが困難になりましたが、その他は元気で学校にも通っていました。

ところが、今から1年前に体調を崩し、とにかく身体がだるく、学校に行く元気もなくなりました。その状態が1ヵ月近く続き、その後熱も出てきました。

知人から四国によい病院があると聞き、平成8年7月に即入院し、幸運にもステロイドを使わずにすみ、熱も下がりました。しかし、その後微熱が続いたり、血沈が高くなり、関節の痛みも続いたりと、なかなかよくなる兆しが見えてきませんでした。

平成8年9月、松本光平先生が、子どもの入院している病院に、週2回、治療に来てくださることになりました。リウマチは痛みがあるので、痛みを消すことのできる波動良法に驚き、そのすごさに飛びつく思いでした。

一瞬の良法で、痛みは消えるのですが、しばらくすると、また痛みが出てきます。それを、良法でまた消してもらうということを繰り返していくうちに、だんだん痛みがとれていきました。

調子の悪いときは、親子ともども不安ですが、そういうとき、先生はすべての質問に丁寧に答えてくださり、私たちに生きる希望と力を与えてくださいました。

私は、どうしても治療を続けたく思って、退院後、転地療養に踏み切りました。入院中からあわせて治療を受けた期間は、11ヵ月間でした。

治療の効果がはっきりと現れたのは、9ヵ月目ごろからです。CRPが（－）、血沈も1時間値が1千という、これまでで一番低い数値が2ヵ月間続いています。

先生には本当に感謝の言葉もございません。

先生から教えていただいた精神性の高い話をしっかり心にとめ、日々祈りのなかで生きていきたいと思います。

現在、医療の進歩には、目を見張るものがあります。

そして、世のなかには、東洋医学、自然療法など、いろいろな治療法が溢れています。しかし、そのなかで痛み、だるさを取り、生命エネルギーを与えることができるのは、いったいいくつあるでしょう。

それができるのは、本物である波動良法の松本光平先生のみだと思います。

子どもは、先生にめぐり会えて本当に幸せでした。この1年近い間、家族と離れ離れになり、いろいろ大変な思いをしましたが、神様は、松本先生という本物の治療者を与えてくださいました。

先生に対し、言いつくせない感謝の気持ちを書かせていただきました。

これからもお身体に気をつけて、さらなるご発展をお祈り致します。

## 病気で苦しんでいる方へのメッセージ

現在病気の方は、病気が憎く、嫌うべき存在であるかもしれません。それは当然かもしれませんが、しかし、これだけは知ってほしいのです。どんなものでも、病気として現れているということは、その必要があったからであり、メッセージであるということを。

ぜひ、波動良法によって人間の完全性・偉大さ・強さ・素晴らしさを理解していってください。

自分の心境を振り返り、反省し、改めてみてください。

反省は2度する必要はありません。1回でいいのです。

自分を責め、人を責めることをやめてください。

そして、自分は必ず治るのだという意志を強く持ってください。

もし、逆に「長くかかる病気だ。治らないかもしれない」と思ったら、病気は体から離れず、長く肉体に宿るのだということを知ってください。病気というのは、字の如く「気の病」だと言われるように、病気に負ける人とは、精神に負けるのだということを知ってください。

精神が負けると、次に肉体に顕在化し、病気が長くなったり、命を落とすことにもなりかねません。

マイナス思考になると、肉体に影響し、細胞の生体磁場は衰えてしまい、マイナスに磁化されていくのです。

ですから、プラス思考になってください。プラス思考になれば、全身の細胞がつくり出す生体磁場は活性化し、プラスに磁化して、自然治癒力が強くなっていきます。

人間にもたされている意識の強さは、偉大なのです。

痛みがあって、体がいつも重くて苦しいときがあっても、波動良法で自然治癒力を発露していきながら、痛みを消し、体もがんばっているのだなあと思って、肉体に感謝する練習をしてください。

そして、24時間見守り導いてくれている、守護の神霊（個人専属についている神霊。主に祖先の悟った魂）に感謝の念を送ってください。そうすると、人間の最大の力が発揮されていくのです。

最後まで自分を信じ続け、あきらめないでください。

私はできるだけの技術を使い、精一杯応援していきます。

# 終章　ある白血病患者の手紙

次に紹介するのは、Ｋ・Ｍさんという方が前妻に宛てて書いた手紙です。Ｋさんの考えかたがとても素晴らしかったので、読んで参考にしていただければと思い、あえてここに全文を掲載させていただくことにしました。

Ｋさんは、慢性白血病で高知県土佐清水市のＴ病院に入院していた患者さんで、２０００年3月23日に他界されました。

Ｔ病院に入院しておられたときには、よく施術させていただき、病状は回復へと向かっていたのですが、その後、私がＴ病院を離れたことにより、他界されるまでの5ヵ月間、一度も波動良法をしてさしあげることができませんでした。そのことが、いまも悔やまれてなりません。

Ｋさんが残されたこの手紙は、亡くなられたあと、数日経って発見されたのだそうです。

この手紙は、ある意味でKさんからの私たちへのメッセージでもあり、このKさんの手紙にこたえるためにも、波動良法を広めていきたいと思っています。

松本光平

前略

毎日ご苦労様です。子どもたちの面倒をみながら仕事をすることは、さぞ大変かと思います。くれぐれも身体だけは大事にしてください。自分一人の身体ではないのですから。

私も子どもたちのために、早く病気を治すべく、日々治療に専念しています。ここ1週間程、大変体調も良く、前回の検査でも白血病細胞と幼若細胞の合計が、全体の19%まで急激に下がりました。

その前が54%で、こちらに入院したときも、40%近くだったので、びっくりしました。

実は、一ヵ月前より週2回程、波動良法を受けており、それがかなり効いているようです。N先生も、この波動良法の松本先生を大変高く評価しており、私も松本先生の話を何度か聞いている間に、この人は本物だなと感じました。

波動良法とは、単純に気功のように「気」で病気を治すのではなく、病気により歪んだ波動を元の正常な形に戻すための治療です。

足立育郎さんの『波動の法則』にも書かれているように、ガン細胞は、人間の細胞のなかの陽子が歪んでできた細胞です。現在の西洋医学では、この歪んだ細胞を手術で取り除くか薬で殺します。破壊という、一度歪んだものを元に戻すのではなく、もっと歪めてガンの性質をなくしてしまおうとする考えかたです。この考えかたでは、ガンは必ず再発するのです。

たまたま再発しなかった人は、運が良いのか、ガンがきっかけで何かに気づき、生きかたを変えた人です。

手術後、同じ意識で、同じ生活を繰り返ししておれば、ガンは必ず数年後には再発するようです。

T病院に入院している患者さんの話を聞いていると、それが手に取るようにわかり、伝わってきます。

だから、医者がいくら声を大にして「ガンは早期発見して、早めに取り除けば治る」と言っても、ここの患者さんは、そんな話は信用していません。

白血病も、骨髄移植さえすれば完全に治るという考えも、実際には、たまま数年間生きている人もいる、程度に考えたほうが正しいようです。

それよりも、その後の抗ガン剤などの副作用による生活苦を、少しは考えたほうがよいのではないでしょうか。

話を元に戻しますが、波動良法は現代医学よりも、よほど理にかなった良法で、現にT病院を退院し、地元の病院または自宅療法を考えている方々には、「松本先生の波動良法を受けられなくなるのが一番残念なので、退院を延ばします」という方もいるくらいです。

波動良法は、それくらい、歪んだ細胞を元に戻すのに最も効果的な治療だと、皆が実感できるほど素晴らしいのです。もしかしたら、この松本先生に出会うために、私はT病院に来たのかも知れないと思うぐらいです。

私は、白血病になってから、ずうっと考えていることがあります。それは、この病気を通して何を私に学ばせたいのか、そして、これからどう生きろと言っているのか、ということです。

その答えは、「自分自身の使命をもう一度考え、今すぐに行動しなさい」でした。そのように、私に、何か目に見えない力が言っているようです。

どうやらこれからは、経営者だけではなく、全ての人に私の気づいたことを伝えていくのが、私のこれからの人生の目的であり、使命のようです。「仕事とかお金儲けという、次元の低い、つまらないことに、いつまでこだわって生きているのだ」と、後ろのほうから思いっきり谷底に突き落とされた気分です。

私が生きているということ。そして、元気に活動しているということ。それが、どれだけ「病気の人」「健康な人」を問わず、全ての人に勇気を与えられるか。人間の一生にとって最も大切なことは、何も起こさないで無難に生きることでも、他人との戦いに勝って勝利者になることでも、成功者になって人にうらやましがられることでもないということ。

人間は誰でもいつかは死ぬのだから、長生きすることが一番大切なことでもない。生きている間に何をしたかでもなく、何を残したかでもない。

その人の生き様がどれだけの人に感動を与え、どれだけの人がそれによって生きがいを見出せたかではないでしょうか。

アーク流に言うと、「どれだけ人に無条件の愛を与え続けられたか」。ただそれだけしかないと思います。

一代で大企業の社長になることも、世のなかに役立つ発明家になることも、一国の総理として国に貢献することも、全てその人の生き様がつくり出した結果でしかないのではないでしょうか。

白血病の私が話す一言一言は、健康なときの何倍もの重みと説得力があるようです。

人は普段の生活のなかで、口ではいくらでも自分をつくることができます。

でも、いざというときに言い訳をせず、自分が決めた人生を生き続けられるか。

私にとってまさに、これからの一日一日は、それを試す日々です。

子どもたちのためにも、自分が決めた生きかたを、死ぬまで貫こうと決心しています。全ての人に評価されるような完璧な生きかたはできなくても、子どもたちが、「将来、お父さんのような生きかたをしたい」と誇りに感じてもらえるような生きかたができれば、最高に幸せです。

父親を誇れることが、子どもにとっても何よりの幸せではないでしょうか。

現在の予定では、5月11日に退院して、12日の東京発16時の便で札幌に戻る予定です。5月13日には、復帰の挨拶をかねて「かでる2・7」で無料講演会を開催します。

自分が白血病になったお陰で気づいたこと、T病院での体験談。そして何よりも、自分がこれから何をしようと考えているのか。

現在の医療の問題、食の問題、環境問題も含めて、我々がこれから経営者として、親として、人間としてどう生きなければならないか。それらについて、2時間、できるかぎりわかりやすく話をしようと思っています。

君にもぜひ聞いてもらいたいと思っています。そして、もう一つ、先ほど詳しく説明した波動良法の松本先生を、札幌にお呼びして、治療を毎月行なってもらおうと考えています。

すでにSOD関係の人達には声をかけており、癌をはじめ、難病、特に痛みをともなう病気で苦しんでいる内科の患者を対象に、まず5月24日（土）と5月25日（日）の2日間を予定しています。「なぜ波動良法で痛みが消え、病気が治るのか」というようなテーマで、松本先生の講演会も予定しています。

最初に話をしたように、現在の西洋医学の考えかたでは、病気を発見することと、切れたものを元に戻すような治療はできても、大半の病気は、その原因の根本がわかっていないので治せません。その証拠に、本音で書いた次のような本がずらりと並んでいます。

『快癒力』『白衣を脱いで正直に言う、医者は病気を治せない』『患者よガンと戦うな』『自分しか病気は治せない』『ガンになったら真っ先に読む本』。

現在の病院は、医療保険に支えられて、なんとか経営しているというのが実状です。しかし、国も今のまま医療保険の国負担が増えると、国家的規模で問題となるでしょう。

すでに、ここ10年以内に新設された私立病院の大半は、赤字経営です。国の医療費負担も、今のままでは近い将来国家予算の50%を超えるでしょう。

国が近々考えていることは、国民と企業の負担割合を現在の2倍にすること。現在ですら、給料の約30%の社会保険料と国民年金を、本人と会社で半分ずつ負担しています。それが倍になったらどうなるか。お役人の考えかたはいつの時代も変わらず、足りなければ、支出を減らすのではなく、収入を増やすしかない。消費税により税収入を増やしたときとまったく同じ考えかたです。近々国民年金も破綻するでしょう。

病院も、無駄な設備投資に首が回らず、倒産が相次ぐ時代がもう目の前です。ずばり、医者の仕事は、病院の役割は、病気を治すことです。しかし、その実態は、大半の病院において、先月も先々月も待合室では同じ顔ぶれ。いわゆる固定客。そう簡単に病気が次から次へと治ってしまったら、大半の私立病院は倒産してしまうのです。病気が治らないからこそ、現在の病院はかろうじて倒産しないで生き残っているだけです。

しかし、今のままでは、いずれそのごまかしに患者が気づくときがきます。医者の仕事は、病院を経営することではありません。病気を治して、2度と病院に来なくて済むようにしてあげることです。

特にこれからは、ガンをはじめとした難病がどんどん増加するでしょう。（T病院の）N先生のような本物の先生（病気を治すことが医者の仕事とわかっている先生）が増えていけば、自由診療だろうが何だろうが、患者は黙っていても押し寄せてきます。

T病院には、常に何十人単位で、これから開業しようと考えている先生方が、勤務医として働いています。

患者さんのなかにも、医者やその家族がたくさんいます。

大事なことは、西洋医学の限界を知り、その穴をどう埋めていくか、それを真剣に考えることでしょう。

少し話が長くなりましたが、松本先生はそのN先生にも高く評価されている、まさにこれからの医学の常識を打ち破る、全ての病院で必要な人です。

これからの病院は、設備が整ってなくとも、サービスが多少悪くとも、結局のところ、病気が治せればよいのです（ちなみに、T病院にはCTやMRIなどの設備がないため、近くの病院まで行って写真をとってきます）。

このままで行くと、大学病院も、いずれは外科と検査のみのために患者が訪れることになるのではないでしょうか。

私が言いたかったのは、いいものはいいと自分のものだけにしまっておかず、自分の気づいたことを、たくさんの人たちに勇気を出して伝えていくこと。どうせいつ死ぬかわからない人生なら、明日のことなど考えず、自分が今できることからまずはじめていくこと。

結果が重要なのではなく、その生きかたが重要だと思います。

私の生きかたを理解してもらおうと思ってこの手紙を書いたのではありませんので、誤解しないでください。ただ頭にあることを、誰かに話したくて、ついつい長い手紙になってしまいました。

君とは、子どもたちの親としてだけではなく、できればお互いが良き相談相手として、良き友達として付き合っていきたいと思っていますので、よろしくお願いします。

それでは、身体にはくれぐれも気をつけて、子どもたちのこと、頼みます。

H9・4・13 T病院にて

K・M

# あとがき

人間は、いつか死を迎えます。死を約束されていない人はいません。

でも、死を迎える際に、手術や薬の副作用でもがき苦しみながら迎えたい人はいないと思います。まわりの家族も、辛くて見るに耐えられないことでしょう。

ところが、現実には、まだまだ多くの方がガンで苦しみながら亡くなっておられます。その現実を前にして、ガン＝壮絶死というイメージを持たれる方は多いのではないでしょうか。そのため、病院は怖いと思われる方も少なくないはずです。

そうした現状を見るにつけ、私は、小さくてもいいから生きるためのホスピス施設、治すためのホスピス施設があればと思うのです。

私の理想とするところは、安心できる、病院と波動良法の融合した施設です。西洋医学・東洋医学がお互いに協力し合いながら、波動良法を取り入れ、みんなで助け合いながらお世話ができる、そういった施設があればと思っています。


私は、全国各地へ赴き、ガンの方を中心に施術してきました。痛みで苦しんでいるときに、電話をいただくのですが、すぐには駆けつけることができなくて、私自身も切なくなります。

それ以上に、ご本人や家族は不安と痛みで苦しい思いをしていると思います。

そうした苦い体験を持つ患者さんやご家族は、前述した施設の必要性を、身をもってわかっています。入院できて、波動良法その他の治療が受けられ、信頼できる医師がいれば、どんなにか心強いことでしょう。

ガンの方を施術してきて、みなさんがおっしゃることは、背中が痛い、腰が痛い、お腹が痛い、薬が効かないということでした。私は、波動良法によってそうした方々の自然治癒力を引き出し、痛みを消してきました。

もし、これが自分だったら…。家族や子ども、大切な人であったら…。私は、常にそれだけを考えて、この波動良法を実践してきました。

入院患者さんは、寂しいのです。不安なのです。苦しいのです。絶望の淵にあるのです。

一刻も早く、そのような病院なり施設ができることを待ち望んでいます。それは私の夢であり、同時にみなさんの夢であると信じています。

あとは、一緒になって取り組んでくれる医師がいれば実現できるのではないかと考えています。

そのためには、私は何でもする覚悟ができています。

人間は、必ずいつか死を迎えます。その限られた命を、自分のことのみでなく、世のため、人のため、ひいては子どもたちのために、施設を通して残していきたいと考えています。

この本を読んでいただいた方が、一人でも多く私の理想とする施設に賛同してくだされば幸いです。

最後になりましたが、高知県の氏原一先生はじめ、宮崎県太陽クリニック院長の高橋弘憲先生、広島県藤浪医院院長の藤浪一宏先生、たま出版専務取締役の中村利男氏、さらに本書をまとめるにあたってサポートしていただいた松澤正博氏、何度も原稿を読んで助言していただいた柴田まり子さん、そして、これまであたたかい目で見守ってくれた両親に、心より感謝申し上げます。

松本光平

２００５年７月吉日

☆波動良法の連絡先

**【札幌オフィス】**

札幌市中央区南14条西８丁目　クリオ行啓参番館１Ｆ
電話番号　011－511－1178（完全予約制）
http://www.k3.dion.ne.jp/~hado

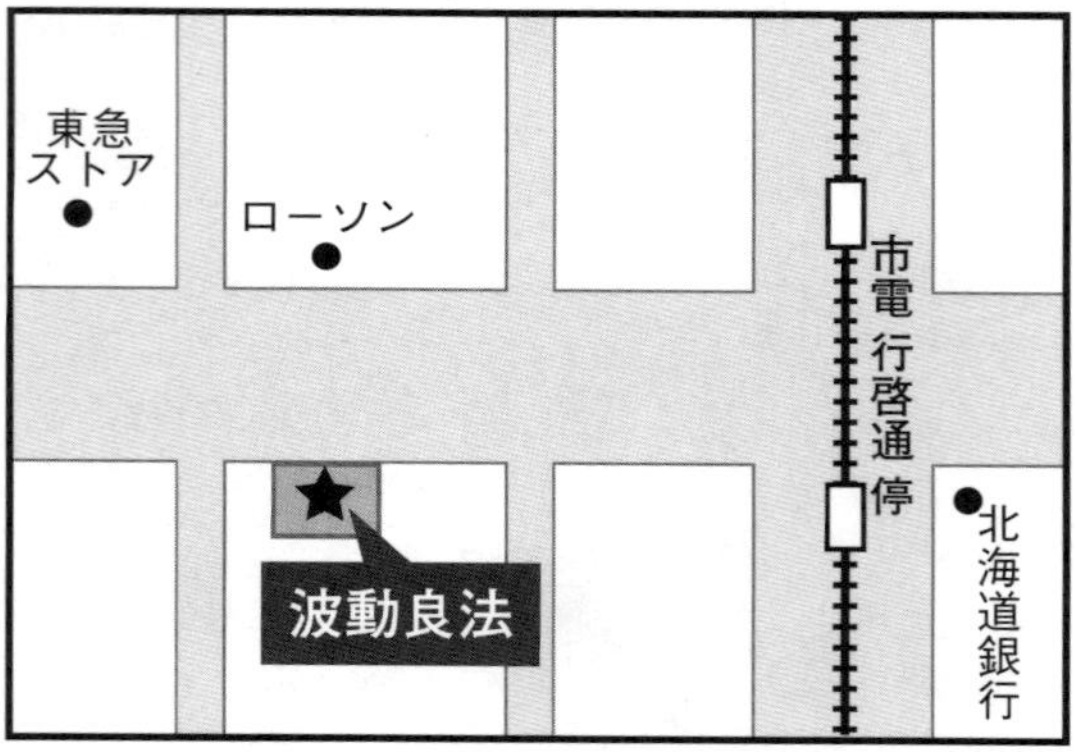

【東京セッションルーム・エル内】
東京都目黒区青葉台1－28－11　BLUXビル701号
＜毎月１～４日間の施術となります。日程等は【札幌オフィス】にお問合せください＞

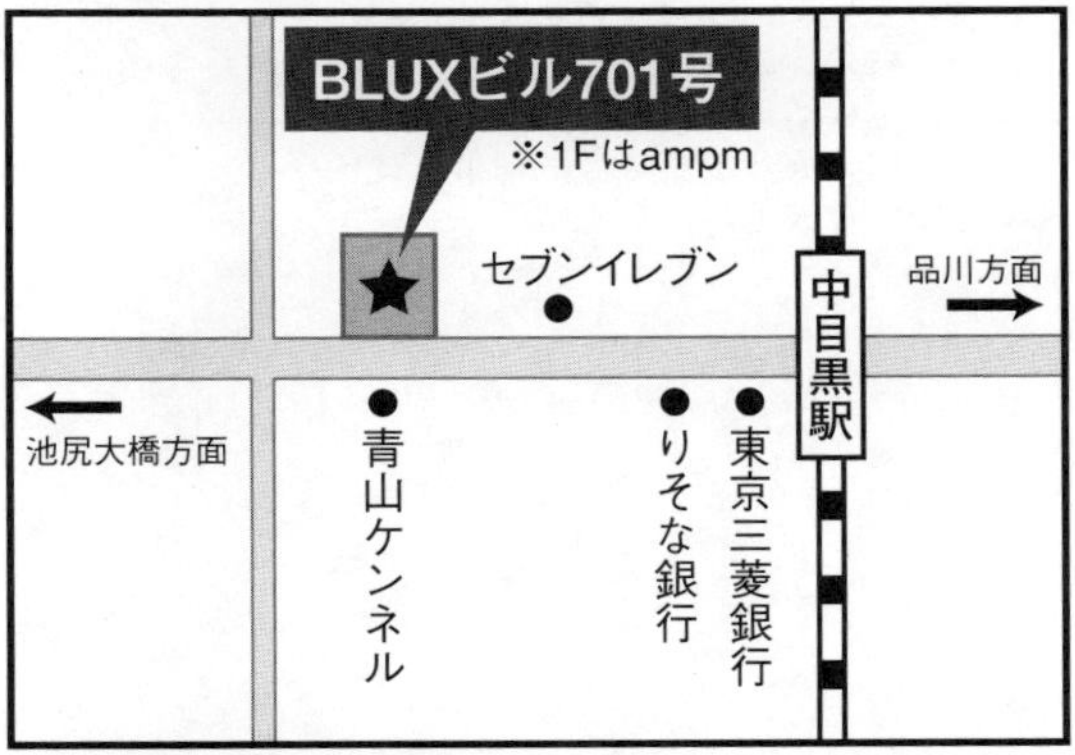


★中目黒駅から信号４つ目です

☆その他の出張先
〈下記の予定等は、【札幌オフィス】にお問い合わせ下さい〉

【藤浪医院】
広島市西区草津南２丁目６番７号

【株式会社　リンク】
広島市中区本川町１丁目１番26号

【太陽クリニック・日本末病末健対策協議会本部】
宮崎県延岡市南一ヶ岡７丁目8348番地242

**松本 光平**（まつもと こうへい）

1967年、北海道に生まれる。

1990年、曹洞宗大本山・永平寺別院において2年間の僧侶修行を終え、僧侶二等教師取得。

その後、日本気功整体学校、ヘクセンシュス神経専門大学校、MRT中心学校を卒業。

15歳、22歳、26歳に遭遇した宇宙円光波動の体験以来、数々の霊的体験をする。それらを元に、独自の方法で学習し、波動良法を開発。

1993年、曹洞宗自坊寺の副住職に就任し、波動良法院を開設。

1996年、高知県土佐清水市にあるT病院に勤務。

2005年、日本未病未健対策協議会・理事に就任。

現在、札幌を中心に波動良法を主宰。

波動良法で自然治癒力を引き出す

2005年 8 月26日　初版第 1 刷発行

**著　者**　松本 光平
**発行者**　韮澤 潤一郎
**発行所**　株式会社 たま出版
〒160-0004　東京都新宿区四谷4－28－20
☎03-5369-3051（代表）
http://www.tamabook.com
振替　00130-5-94804
**印刷所**　図書印刷株式会社

乱丁・落丁本はお取り替えいたします。



ISBN4-8127-0191-0